胡志明小旅行

風格咖啡×在地小吃×創意市集×打卡熱點，帶你玩出胡志明的文青味

作者—— 蔡君婷

用心生活，無私分享

　　來越南已將近十年了，但大部分的時間都在平陽的偏遠工廠工作，就算每週日前往胡志明市也都只有打牙祭、按摩、做指甲而已……

　　第一次認識君婷是在幫2017年底，難得她大老遠地從七郡來平陽參加我主辦的幸福甘斯（Gans）一日工作坊，後來也變成好友，這是她出的第二本旅遊書籍，非常隨喜她在週一至週六都得繁忙地工作之餘，還花許多時間很有心的收集她在胡志明生活的點滴要與大家分享，剛好此刻的我人在南非，看完她的新作後，才開始慢慢了解越南的政治歷史人文、宗教背景，也讓已在越南工作多年的我會想照著君婷筆下的指引，重遊胡志明市內外風光，原來還有好多沒造訪過的餐廳與店家是值得好好探索的，再次感謝君婷如此用心生活並無私的分享，誠摯推薦給還沒來過南越的民眾們參考，真的是本小旅遊寶典、應有盡有！順便再提及：《咬一口聖彼得堡》是君婷第一本旅遊書，請也一併收藏吧！

能量療癒師　FAEH (Ann Chen)

20190318

胡志明深度特色考察指南

「在越南工作的台灣人很多，實際生活在越南的卻很少。」這是我自大二開始學習越南語，2015年隨著亞細安研究會赴越拜訪當地台商，2016下半年實際在越南工作、旅行，至今走過越南25個行政區以來最深的感觸。

根據媒體報導，隨著越南經濟發展日益蓬勃，台灣赴越南工作人數早已突破萬人。可惜現實生活中，許多赴越工作者的活動範圍仍僅限於公司與宿舍之間，即使待上三五年仍處在對語言不熟、對文化不熟、對環境不熟，與越南當地始終存有隔閡的狀態。

因此，這本由君婷學姐，一名積極享受海外生活的長期駐越南胡志明市工作者，同時也是「關於我的胡志明二三事─我在西貢天氣晴」臉書粉絲專頁主編，以在地生活者兼外來觀光者的角度所撰寫的《胡志明小旅行》一書便更顯珍貴。

書中內容除了詳列行前準備資訊、交通資訊及觀光必遊的經典胡志明市景點外，君婷學姐也精選在越南生活的日子裡所品嘗到的美食、幾個外派週末午後偶遇的特色咖啡廳以及在越南走跳必備、能瞬間拉近與當地人距離的越南語單字，讓人即便是剛落地，也能將胡志明市玩得很在地。

跟隨著《胡志明小旅行》的腳步，我們可以實際深入這座活力城市的網絡，無論是走入巷弄街道間喝杯80年歷史的老咖啡感受越南庶民文化的質樸、看著殖民時期留下的浪漫法式建築幻想自己處在東方小巴黎、跳上GRAB前往第五郡感受相似卻又不同古今交錯的華人文化、夜色降臨後登上Bitexco金融塔往下望燈光閃閃的城市繁華、在文青市集裡淘寶尋找屬於自己的小確幸，並偶爾對著當地人溜幾個書中的越語單字以換得一抹真摯的微笑，都能讓人以外來者的角度換得最在地的體驗。

本書不僅是本資訊豐富的旅遊書，更是本胡志明市深度特色考察指南。即使是過去曾遊歷越南多處且在胡志明市生活近兩年，獲封「越南女神」的我，也一再地為君婷學姐所挖掘的角落及美食給驚豔，並默默地在地圖上標記各個期待造訪的地點。

無論是即將動身啟程前往胡志明市的讀者，抑或是已在南越生活，卻遲無勇氣邁出腳步體認這座城市魅力的海外工作者，就讓我們帶上《胡志明小旅行》，一起說走就走，找回最初飛向海外的悸動吧！

說走就走去找越南女神 Lena

潮玩胡志明／來去西貢當文青

　　第一手拜讀好友君婷第二本旅遊著作，記得兩年前聽到她隻身前往胡志明工作，陸續聽到她在當地的大大小小的事，真的捏一把冷汗，不過這些應該都是他成就這本著作的最好養分，唯以親自經歷，才能讓讀者身歷其境。先把這本著作略讀一遍後，有一種奇妙的感覺，原來出遊胡志明市既簡單又好玩。

　　過往有幾次自己出遊的經驗，常常擔心到當地會有不懂的交通問題，雖然在大城市都有計程車，但總是擔心言語不通與當地的風俗民情不懂，不過這本書連計程車分成一般計程車、叫車系統和摩托車計程車等選擇，甚至貼心提醒搭乘摩托車計程車時要注意胡志明市的街道複雜，讓人有種更放心在胡志明市的感覺。

　　書中介紹越南的咖啡歷史時，連點咖啡的當地發音都教你，越南與法國的過去深厚淵源，咖啡是當地旅遊一項大重點，能夠品嘗一杯道地的咖啡也是必備的行程之一。咖啡專章內介紹了35家各具特色的咖啡店，而且特色幾乎不重複，顯見作者為了介紹出胡志明市最具特色的咖啡文化之用心。

　　按照路程流暢性規劃五天四夜的行程，按照順序圖文並茂地列出該景點的特色，附上推薦熱門景點的星星數，讓讀者更容易地判斷。自助旅行者常常希望接地氣，去旅行團不會去的地方，或者了解當地文化與歷史價值的景點，這本書辦到了。

　　最近看到朋友透過影片介紹按摩SPA，書裡已經先為讀者做好功課，除注意事項，更介紹出當地具有特色且CP值高的店家，讓大家放鬆且物超所值地享受一番。

　　最後，來到最重要的重頭戲，看了兩三次的章節，民以食為天，來胡志明市必吃的15道美食小吃，絕對是吃了才能敢大膽說出自己有來過胡志明市。越南法國麵包，這在近幾年在台灣巷道經常看到的國民美食，此書中推薦了具代表性的店家，真的就是貼心。

　　拜讀後，赫然發現滿手胡志明市必去的餐廳、咖啡廳、按摩SPA與各種市集的資訊，絕對是市面上少見的旅遊工具書，搭配實地拍攝的照片，不只想像更是看得到，一本值得大家拜讀的旅遊書籍。

南投縣議員　張嘉哲

越讀越想去，越想越該去

越南，對筆者而言，過去地理課本上北圻、中圻與南圻的國境分界，還未還給老師；《情人》裡飾演「中國男人」的梁家輝與「年輕女孩」的珍‧瑪奇（Jane March）走過的法屬印度支那也還在眼前，清末少數戰勝外敵的黑旗軍、美國鎩羽而歸的越戰創傷仍歷歷在目，又因為過去服務於新聞媒體，所以對這個國家近年的紅火發展頗有耳聞。此外，2018年前往越南的臺灣遊客超過71萬人次，僅次於大陸與日、韓，排名第四，估計還會繼續成長；同時因為「新南向政策」，越南旅客來臺人數也已居東南亞國家之冠，絡繹不絕。而在其他方面，臺灣人到越南投資，越南人來臺灣工作，乃至結為連理，都是方興未艾之事。

儘管雙方往來如此密切，但是一般的臺灣讀者對越南的了解仍嫌片面與零碎，有時甚至還戴上有色眼鏡來看這個GDP成長達7.08%，快速崛起中的經濟體。然而，這畢竟是一個人口超過九千萬，面積比臺灣大上九倍的國家，想要全面瞭解並非易事，也容易以管窺天。

所以本書作者蔡君婷，以她工作所在的城市為她寫作的濫觴，單談統一前舊名西貢的南越首都，透過精彩照片，淺顯文字，先帶我們來看看，這個天朝藩屬遺跡還在舊屋古剎迴盪，但是法式殖民氛圍又已盤據街頭巷尾，隨之還有1976年後被強加馬列主義的越南第一大城——胡志明市。文章中甚至連旅遊時實用的越南語、申請簽證的表格，還有出機場後在哪根柱子搭得到計程車都寫得一清二楚，其體貼讀者的程度可謂誠意十足。閱讀本書最感驚喜的是，邇來坊間不少有關越南的報導或書籍，不是談論投資環境，就是寫成一般的旅遊工具書，本書則看到了少為人所注意，胡志明市「潮」與「文青」的一面，相信足以在同質書中脫穎而出。

君婷是我的政大學妹，她找我寫序倒不是因我特別了解越南，而是因為她看到去年我出書時的新書分享會，讓她也決定要將工作之餘的見聞，透過文字以饗讀者。很高興因為自己的一點作為而有正面影響，所以我也不怕資格不符，一口答應為她寫序。

看到年紀輕輕的她，已經展現「斜槓實力」出版第二本書了，令人期待著作等身的一天。

天下雜誌《換日線》「From Russia 我在俄羅斯上班」專欄作家　**裴凡強**

神遊陌生城市──胡志明

　　因緣際會 與作者 君婷忘年之交也有12年了，這期間她本身的歷練彷如一本書；有工作學習的執著，有少女羞澀的情事，有放下本身才華為盡孝道的順從，也有遠離親人 單身至異國工作的勇氣，而如今她，蔡君婷居然又有一壯舉──在異鄉寫了一本旅遊書，更大膽的是讓沒去過越南的人寫推薦序，這小妮子真的是值得推特的人呢。

　　《胡志明小旅行》與他前一本著作 《咬一口聖彼得堡-俄羅斯歷險記》是不同方式的呈現，但卻也一樣都是他對當地生活的體會。

　　我沒去過越南但從他的敘述內，讓我有已到胡志明市走一回神遊的感動，並且因為內容的豐富細膩貼心記載 讓我也除去了到神祕陌生國──越南生活的恐懼感。所以個人認為這本《胡志明小旅行》 是成功的旅遊書，值得推薦。

內容包含了：

1. 越南國境地理位置、 人文血脈歷史的簡述、特殊殖民建築古蹟所呈現的文化，出入境文件填寫、申請和當地通訊、交通的使用狀態及城市禁忌的事項。

2. 胡志明市觀光行程的規劃和城市景點淵源、特色的介紹，含 開放時間及必要費用也都能貼心地註記。

3. 旅遊最愉快的時段就是shopping及浪漫的coffee time。

《胡志明小旅行》 導覽著每一個市集的重點物品及營運型態，而作者 君婷所推薦的咖啡店也都能透過文字及圖片令人彷彿身歷其境地正坐在店長精心擺飾的空間，享受著一杯特色咖啡或茶飲甜點的浪漫。

4. 最後當然是要品嘗美味的越南美食， 這本書除了介紹街頭小吃以外也推薦胡志明市內的米其林餐廳及5星級酒店等等。

《胡志明小旅行》 是一本值得收藏的書，因為它是短期假期所需要的便利包，也是準備要 在地生活的資訊字典。我很榮幸可以推薦這本旅遊書給閱讀大眾，也以好友作者蔡君婷 為榮。

工商建研會19期聯誼會會長　**盧紅玲**

理想與現實之間的妥協，來去胡志明當文青！

　　我們對理想的生活與工作，有時候與能力無關，而是機遇與機緣！

　　早期我旅行到越南胡志明市通常都是為了商務接待的目的，也因為是商務接待，住宿及宴客的選擇地點通常都是以國際的連鎖飯店或者是具歷史意義的餐廳，商務會談間多了些故事性的話題。

　　又加上倉促的旅程，當時在胡志明市除了商務交流的紓壓按摩行程，其實難得悠閒地停駐。

　　隨著胡志明市的經濟發展，也正是年輕人加入企業海外接班梯次的時機。越裔海歸人士及新移民帶入多元文化創意、融合當地殖民時期文化軌跡。今天我來到胡志明多了一個生活化的邀約——來去喝咖啡！

　　作者是旅居胡志明市工作的台灣遊子，外語系的學歷背景，來胡志明約當有2年時間，在當地學習工廠文書管理工作。作者本身具備語言的天賦，除了英語、俄語、日語，來到越南也認真地學習越語。工廠文書管理是枯燥的，我想以一位喜歡寫作及旅行的人而言，學習當地語言動機絕對不是為工作目的，而是敞開心扉接受理想與現實的妥協，以及融入當地的生活態度。

　　我這次來到胡志明，是受到作者的邀約，單純來喝咖啡！這趟旅程走的是文青路線，來胡志明市喝咖啡，雖不及飯店華麗氣派，但與作者聊天的過程不只是喝咖啡，其實是樸實生活的一部分。交心但不談交易，體驗舊建築與創意設計理念思維，更是享受沉靜放空、交友與醞釀國際視野格局的過程。

　　作者以平實的描述，用心分享旅居胡志明的生活文化，我認為不論商務或旅行都值得休憩一下，逐一地去體驗作者推薦的咖啡館和胡志明市的旅遊亮點！

準程國際股份有限公司 特助　**韓慧如**

我在西貢天氣晴

　　胡志明（舊稱西貢），這個文化大融合的地方，融合著越南本身固有的文化，福建廣東華人的移民文化外，這裡過去也曾經是法屬殖民地，遺留下不少法式風情的建築古蹟。

　　近年來因投資發展所帶起的觀光熱潮，在這樣的時空背景之下，這座城市融合西方與東方的文化，結合過去與現代的潮流，使得胡志明市衍然成為新的 IG 熱門打卡景點。

　　猶記得2016年年初在剛踏上胡志明這塊土地的不久後就在此發生一場車禍，就這樣胡志明的咖啡館就成了車禍後身體虛弱的我假日暫時的收容所，每逢假日時光，我不是在咖啡館就是在前往咖啡館的路上，或是也可套上另一句廣告用語：「整個城市都是我的咖啡館」。不管是當地人LOCAL的露天咖啡廳或是當地網紅愛去拍照的咖啡館，無一不造訪過，也因此而走進胡志明的胡同巷弄間，一窺了解當地人的真實生活，漸漸地也愛上了在這個城市四處探險，挖掘新奇好玩的事物與美食，這也或許是這本書的由來。

　　我在西貢品嘗咖啡，帶著坐看雲起時的心境，品著人生的酸澀與苦樂。

　　歡迎到胡志明來，找間咖啡館，靜下心來來好好細品一杯專屬於自己的咖啡味。

蔡君婷

CONTENTS

CHAPTER
01 出發前，一定要知道的行前大小事

CHAPTER
02 必踩景點

PART1……經典景點
必訪街廓

歷史建築

CHAPTER
03

特色咖啡館

CHAPTER
04　吃貨攻略

PART2……15 家特選高 CP 值餐廳

女生專屬

附錄

本書使用指南

景點名稱：
中越文景點或店家名稱對照，方便讀者在當地對照。

地圖 QRCODE：
手機一掃，即刻上路。

西貢中心郵政總局
Bưu điện trung tâm Sài Gòn
胡志明第一座郵政總局

與紅教堂比鄰呼應的是西貢中心郵政總局（Saigon Central Post Office），也有人稱之為「百年郵局」，西貢郵政總局興建於西元1866年，並於1892年開始啟用，從法國殖民時期至今亦有上百年的歷史，目前仍然持續進行郵政作業。

西貢中心郵政總局由巴黎鐵塔的設計師艾菲爾（Gustave Eiffel）親自設計，郵政總局的內部精當高挑氣派，拱形門窗、華麗的大門廊，無不凸顯法式風格與氣節。大廳的兩側有郵政業務的辦理櫃台，總局內部的左右牆上留有幅巨型地圖，分別是當時的西貢市區圖及印度支那半島地圖。郵局內的另一個特色是，當時建造的木製電話亭還保留至今。位於郵政局大門出口的兩個均有紀念品區，不過在西貢百年郵局想要留下最好的紀念品，就是寄一張明信片給自己，留下這次旅行的回憶，若是寄回台灣的話，約一個星期後就會收到。

info
🏛 2 Công xã Paris Bến Nghé Quận 1, Ho Chi Minh City
🕐 週一〜週五 | 7：00〜19：00
週六 | 7：00〜18：00
週日 | 8：00〜18：00
⭐ ★★★★★

百年郵局續的木製電話亭。

耶穌聖心堂 Nhà thờ Tân Định
胡志明市內第二大教堂（粉紅教堂）

耶穌聖心堂（Tan Dinh Church），她的起源可以追溯到1874年，由當時的神父Donatien Éveillard所發起及監督建造，並於1876年12月完工開幕。那時教堂穿邊也成立了寄宿學校及孤兒院，收留300多名孤兒。西元1957年，教堂進行了翻修，首次在外牆粉刷上粉紅色與白色。原本莊嚴肅穆的哥德式教堂，配上粉紅色與白色優雅溫馨的色調，意外地製造出關於這座教堂獨有的特色光彩。雖然之後也歷經了幾次整修，但卻一直保留當初粉刷的色調，作為法國殖民時期給這座城市所留下的禮物。

目前耶穌聖心教堂是胡志明市內第二大的教堂，僅次於第一名的西貢王公聖母教堂（紅教堂），這個觀光景點位在第三郡，交通上比較不方便，距離紅教堂和中央郵局約1.5公里，沿著二徵夫人街（Hai Bà Trưng）步行約20分鐘即可到達這產令人少女心大爆發的耶穌聖心教堂。星期天教堂固定會舉行禮拜，禮拜時間在下午5點結束，結束的時候教堂還會響起一段旋律悅耳的鐘聲。

info
🏛 Nhà thờ Tân Định, 289 Hai Bà Trưng, Phường 8, Quận 3, Thành phố Hồ Chí Minh
🕐 平日 | 5：00〜19：00
星期日 | 6：00〜17：30
⭐ ★★★★★

介紹文：
造訪前先了解景點或店家的特色。

INFO：
景點或店家的基本資訊，如地址、電話、營業時間等。

TIPS：
本書所提供之熱門推薦指數，是作者根據近年台灣人到胡志明市旅遊經常造訪店家，以及自身走訪經驗而定，僅供讀者參考。

INFO 圖示說明：
🏛 地址
📞 電話
🕐 營業時間
💲 花費
❤ 熱門推薦指數
本書所有店家資訊，皆為採訪時資訊，實際資料以店家為主。

前言

　　越南，作為台灣近幾年來熱門的觀光景點，河內是她的首都，位在越南北部。胡志明市則是位於越南南部，這裡曾經是法殖民時期總督府的所在地、南北越分裂時，南越政府的首都，而現在是全越南第一座商業經濟大城，繁華熱鬧自然不在話下。

　　近年到越南旅遊這麼夯，除了文化相近，物價便宜、費用低、CP值高等原因之外，越南還具有豐富的旅遊資源，不同地區的山水風景與地貌之美及越南傳統美食都是讓人趨之若鶩的原因。

　　胡志明——這個經濟正在蓬勃起飛的商業大城，來這裡除了能明顯感受到繁華熱鬧、朝氣蓬勃的活力外，胡志明也彷彿是一部歷史的縮影，在17世紀以前的胡志明仍是一片湖泊、沼澤之地，為柬埔寨王國的統治之地。之後隨著歷史的發展，當地王朝的興衰、權力的消長與殖民國的入侵，南北越分裂內戰。走過不同的歷史歲月，在她的倩影中也留下了不同的風貌。

　　有著「東方小巴黎」美譽之稱的胡志明，也因為豐富的歷史與不同文化交織於此，使她更有魅力。在胡志明旅遊可以很越式，也可以很浪漫、很生活，也可以很閒暇。雖然有著語言隔閡的障礙，但基本上凡是觀光客旅遊之地，以英文溝通不是問題。

越南的傳統市集，街道上隨處可見的法式建築，無論是百年的中央郵局、聖母大教堂、市政廳、大劇院，這些充滿歷史歲月、殖民色彩的建築古蹟，還是背包客天堂——繁華而又熱鬧的范伍老街，或是於街邊品嘗杯香濃的咖啡，或是夜遊西貢河、具百年移民歷史的華人區、或者是二次大戰美越戰爭所留下來的歷史古蹟古芝地道、或是腹地廣大的湄公河流域，到現在的大型百貨購物中心，現代化娛樂設施，甚至可以躺著看電影的電影院，都是值得你來探訪的理由。歡迎來到胡志明旅遊，來感受她的歷史風情與浪漫，來發掘她又現代又傳統、既東方卻又能與西方和諧共存的文化。

現在台灣飛往胡志明的班機可以說是越來越多但也越來越熱門了，無論是從桃園、台中或是高雄都有飛往胡志明的班機。熱門時段的航班有時候是班班客滿，一票難求。現在飛往胡志明的航班有長榮、越航、華航等，廉價航空有越捷可以選擇。若是提早規劃行程，廉價航空可以買到五千左右的來回機票。所以如果有看到令人滿意的票價與時段，不要猶豫了，就來趟胡志明冒險之旅吧！各式各樣林立街頭的越南美食、各具特色的咖啡館，熱門的IG打卡景點、色彩繽紛鮮明的法式建築，就等著你來當主角，展現這個城市的美。

CHAPTER
01

出發前，一定要知道的
行前大小事

簽證╳網卡╳兌幣╳交通╳住宿　一次搞定！

認識胡志明市

西貢（Saigon）是胡志明市的舊稱，走在街頭更常看到的是「Saigon」這個具有歷史意義與浪漫風情的字眼。至於胡志明市（Thành phố Hồ Chí Minh）是她現在的名字，這裡過去曾經是法國的殖名地，現在則是越南最大及最繁華的城市，這個城市更有著「東方小巴黎」的美譽。

胡志明市地理氣候

胡志明市是越南的第1座經濟大城，地處整個越南的東南部，距離北部首都河內約一千七百多公里，鄰近南中國海。越南屬於熱帶季風氣候國家，因狹長的國土，使得北、中、南氣候有著明顯的差異。北部氣候四季分明，夏季炎熱，冬天亦可能出現只有十幾度的氣溫，高山如沙巴山區（Sapa）也會有冬季下雪的情況。

地理位置決定了胡志明市的氣候，雖屬熱帶季風氣候，但因位於越南的南方，所以全年氣候炎熱，年均溫約30度。胡志明市的氣候基本上四季如夏，雖有旱季和雨季之分。每年的5月～10月是雨季，雨季時雖然是天天下雨，但通常也只是午後雷陣雨，不到2、3小時便雨過天晴；11月～4月是旱季，也是前往胡志明市的最佳旅遊時間。

殖民歷史，造就胡志明市的風情萬種

胡志民市至今仍保留當時法國殖民的建築原貌，在宗教及飲食上也深受這段殖民時期的影響，在東西方文化的交雜融會中，最後形成只屬於她獨有的氣息與文

化。此刻你可能正欣賞著法式建築，一轉身卻置身在參雜著越式陳舊房屋擁擠的小巷裡，猶如不斷地穿梭在不同的時空中。

西貢的前身原是柬埔寨國土境內的一個小漁村，四周多為沼澤之地，當時名為普利安哥城（高棉語：ប្រៃនគរ，羅馬拼音：Prey Nokor），是高棉人所居住之地。後來因當時的

東埔寨國王吉・哲塔二世娶了越南廣南國公主阮氏玉萬，並以這塊土地作為對阮氏的聘禮，允許越族的難民進入此地安居，躲避越南當時的內戰。之後，東埔寨王國也因國力漸衰，無法抵抗日漸增多的越南難民進入此地定居。逐漸地，原本的普利安哥城成了越南人的土地，也開始被稱為「柴棍」（中文音譯：西貢）。

法國殖民，為胡志明市添上歐洲風情

　　西貢在法國殖民統治以前，又曾因官方定名為「嘉定」（Gia Định）。西元1859年法軍入侵胡志明市，直至西元1862年，法國殖民政府才將「嘉定」改為「西貢─堤岸」（Saïgon–Cholon）。 到越南與法國的殖民史淵源，不免要提到中國的清代史，西元1885年法國和中國的滿清政府簽訂「天津條約」，法國正式成為越南的保護國，同時也結束了越南與中國數百年來的藩屬國關係。法國政府在1887年正式批准，建立「印度支那聯邦」。這也是法國作家瑪格麗特・杜拉斯小說《情人》後來改編成電影的時空背景。

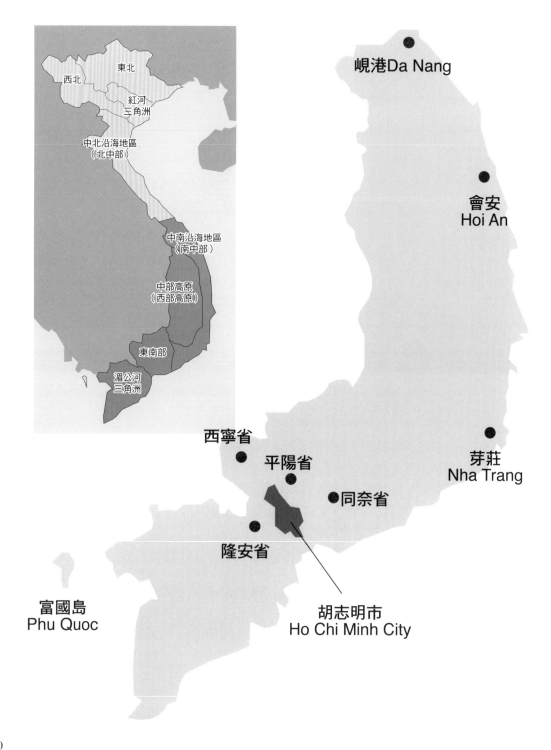

1945年越南共產黨發起「8月革命」宣布獨立及脫離法國的殖民統治，1956年的南越南政府將「西貢─堤岸」合併為「西貢」（Sài Gòn），之後西貢便成為了南越政府所在地及商業貿易中心。西元1976年7月2日南北越正式統一，為了紀念越南共產黨的主要創立者胡志明，便將西貢改名為「胡志明市」（越南語為「Thành ph H Chí Minh」，英語翻譯成「Ho Chi Minh City」簡稱「HCMC」。

今日的胡志明市

胡志明市的區域範圍其實非常大，除了12個郡之外，近郊還有平新郡（Q. Bình Tân）、富潤郡（Q. Phú Nhuận）、平盛郡（Q. Bình Thạnh）、新平郡（Q. Tân Bình）、新富郡（Q. Tân Phú）、守德郡（Q. Thủ Dức）、鵝邑郡（Q. Gò Vấp）、平政縣（H. Bình Chánh）、福門縣（H. Hốc Môn）、古芝縣（H. Củ Chi）、芽皮縣（H. Nhà Bè）及芹耶縣（H. Cân Giờ）。

但最具有法式風情的街景大多位在第1郡（越南語：Quận Một），這裡也是最主要的觀光區。第5郡（越南語：Quận Nam）的堤岸區則為華人聚集的所在地，走進堤岸區路邊的招牌看得到中文字，涼茶、叉燒、烤鴨、廟宇及會館更是密集。白天的胡志明市充滿朝氣活力，夜晚卻明豔繁華，東方與西方的摩登與優雅，看似衝突卻又協調地並存，這個城市多樣的面貌就等著你來探索與發掘。

越南小檔案

正式國名：越南社會主義共和國（越南語：Cộng hòa xã hội chủ nghĩa Việt Nam）
簡　　稱：越南／Vietnam（越南語：Việt Nam）
首　　都：河內／Hanoi（北部）
經濟大城：胡志明／Hochiminh（南部）
土地面積：331,410平方公里（約台灣的9倍大）
地理位置：越南北部和中國廣東、廣西、雲南的領土相接，西與寮國、柬普寨為鄰，因位於中南半島東側，東邊國土全境臨南中國海，面積狹長呈S型，海岸線長約3,260多公里，海產資源豐富。
人　　口：根據越南統計總局，至2016年越南人口已達9,270萬人以上。
人均所得：2,215US$（2016年）
語　　言：越南語、英語（觀光地區可通）
時　　區：GMT+7（慢台灣1小時）
電話國碼：+84
國　慶　日：9月2日
貨　　幣：新台幣（TWD）：越南盾（VND）=1：751（2019，資料來源：www.xe.com）
插　　頭：220V，雙圓頭、雙平腳（與台灣同）插座

越南──歐亞文化大熔爐

　　雖然越南是共產國家，但對於宗教信仰卻相當自由開放。今日的越南融合著許多國家（中國、法國、美國）與不同民族（占族、泰族、高棉族）多樣化的影響，如種族、宗教文化、統治形式、飲食習慣等，造就了越南的獨特性。

中華文化的洗禮

　　越南之所以稱為「越」，有一歷史說法，是越族乃是起源於中國當時南部的「粵」（Yueh）。根據歷史記載，最早在秦朝時，秦始皇統一6國後，就派兵攻越，並將越南納入了秦國的國土，取名為「象郡」。之後秦朝對此地推行移民政策，將中原地區的百姓遷移至此。後來秦國將領──趙陀，在此建立了「南越國」並稱帝，成為南越第1代皇帝，南越國，「越」意指「來自那一邊的人」，南用以說明當時與中國的地理關係位置。「南越」就這麼一路承襲與演變成了現在的「越南」（VietNam）。

　　趙陀稱帝後，實行「和輯百越」政策，「百越」在當時意指生活在長江以南地處偏遠的越人部落。而漢代時，將此地立為「交趾郡」，並開始將中華傳統文化帶進越南。漢代的儒家文化、佛教文化、郡縣制度、各式各樣的禮儀、習俗觀念、技術與文字也傳進了越南，從此影響越南數千年，若說越南文化中有一定程度是中國文化一點也不為過，也因此大部分的越南人民信仰佛教。

東南亞與歐洲文化的影響

　　又因越南中南部在西元2～12世紀之間曾受占婆王國的入侵與統治，所以也帶將印度教文化帶進越南。之後占婆王國雖然落沒消失了，但越南仍留有占婆人的後裔，這也是為何在胡志明的市中心看得到印度廟的原因了。

　　另一個遺留在越南南部的宗教和文化與柬埔寨的吳哥王朝有關。越南南部的茶榮、美托、檳椥等省（又稱之為：湄公河三角洲）以前曾經是吳哥王朝的國境統治範圍，之後因為國力沒落，又因身處於內憂外患的環境之下，下游三角洲的國土逐步受到越南的侵蝕與併吞。因此原本居住在湄公河三角洲下游的高棉族，後來卻成了越南境內的少數民族，但起居習俗依舊承習著柬埔寨的文化與生活方式。光是越南境內的湄公河三角洲就有上百座柬埔寨式的佛寺。高棉人有自己的語言和文字，所以在茶榮等地甚至是越語、高棉語雙語通行。因為對高棉人來說，高棉話是他們的母語，越語則是國語。

　　17世紀初，第1批歐洲傳教士前來亞洲，也進入了越南，儘管曾遭受到當時政府的打壓與歧視，但也將那時歐洲所信奉的天主教在這裡萌芽發展，流傳下來。

行前準備

Step by Step，辦理簽證、網路及 SIM 卡申請，還教你如何兌換越南幣，跟著步驟走，前進越南很簡單！

如何辦理越南簽證

目前要到越南旅遊還是得辦理越南簽證（DL），觀光簽證有分為1個月單次觀光簽證、1個月多次觀光簽證、3個月單簽及3個月多簽。辦理簽證，有3種方式：可以找旅行社事先代辦越南觀光簽證，或者是自行向越南駐台北經濟文化辦事處申請觀光簽證（DL），最後就是飛往越南當地後，再辦理落地簽證。

旅行社代辦

旅行社代辦簽證費用，1個月單次簽證的費用約新台幣1600元起。需要準備的證件與資料有：

☐ 護照影本（6個月以上效期，簽名欄需本人簽名）　　☐ 2吋大頭照（4X6公分）2張
☐ 越南簽證申請表格（可事前先上網填寫，申請網址： visa.mofa.gov.vn，完成後列印下來。）

貼心提醒　核發所需時間，每個別旅行社不同，建議事先詢問確定，或是及早準備。

自己辦簽證

自行辦理簽證，要前往越南駐台北經濟文化辦事處申請觀光簽證，需準備的資料如下：

☐ 護照正本（6個月以上效期，簽名欄需本人簽名）　　☐ 護照影本
☐ 越南簽證申請表格（可事前先上網填寫，申請網址：visa.mofa.gov.vn，完成後列印下來。）
☐ 2吋大頭照（4X6公分）2張
☐ 單次入境簽證費用為新台幣1350元（實際費用或許會有些微變動，請依簽證機關公告為主），單月多次為新台幣2700元。

貼心提醒　核發所需時間：3～5個工作天（普通件）。
在申請表上填寫進入越南的日期一定要確認，你所填寫的日期即為簽證生效日期，僅能於當天與之後才能進入越南，不可提前入境！

越南簽證申請表格，線上填寫教學

不論自己申請或是交由旅行社申請簽證，都少不了這張表格。請先上網填好，列印下來，即可和其他資料一同申請。

選擇 English

Step1 前往 visa.mofa.gov.vn 網站，選擇語言 English 再點選 FILE FORM

表格填寫

Step2 填寫入境身份資料

選擇 Tourism

兩欄位均選擇「Viet Namese Economic and Cultural Office in taipei」

上傳個人照片 後按 NEXT

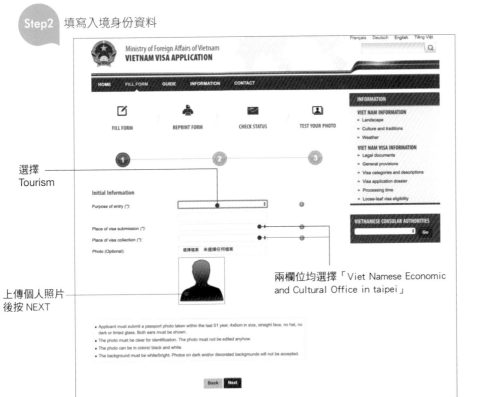

Step3 填寫個人資料

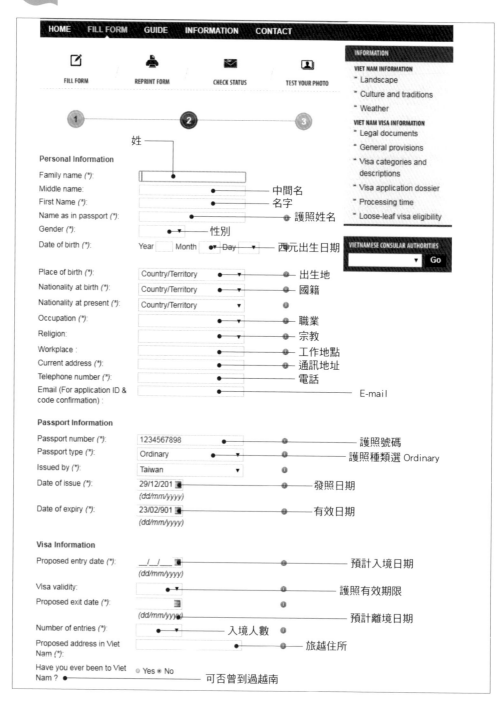

Step4 填寫在越南停留期間聯絡資料

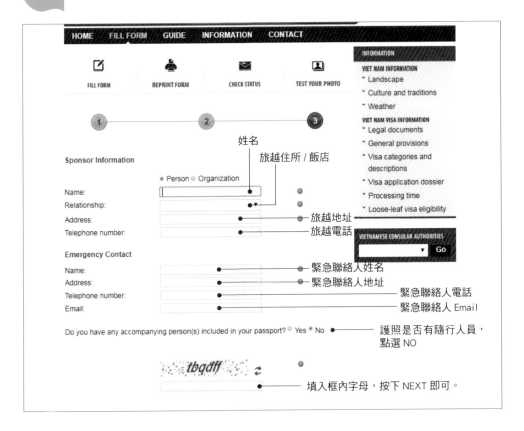

Step5 取得簽證

　　申請完成後，會有呈現完整資訊的畫面出現，確認資料無誤後，按下DownLoad鍵即可下載簽證。請務必仔細核對資料是否與護照相符，否則很有可能無法入境。

　　簽證申請表格填寫好後，列印出來。連同申辦所需文件至「越南駐台北經濟文化辦事處」送件即可。

落地簽證辦理

事先透過Visado Vietnam 5usd或Vietnam Visa Pro這2個網站申請「落地簽證許可函（Vietnam Visa Approval Letter）」填寫完後列印下來 （需線上刷卡付款8美元，抵達越南機場後再填寫「Entry And Exit Form」表格，之後便可領取「落地簽證」。若要辦理落地簽證要先準備好邀請函、許可函、2吋大頭照1張及申請費用25美元，限收美元），即可得到1張「落地簽證貼紙」，黏貼在護照上。

不過若要辦理落地簽證，要做好可能得稍微等待的心理準備，因為近年來前往胡志明的人數明顯增加，有時候若是遇到同時段飛機欲申請落地簽證的人數眾多時，會影響領取簽證的時間，故請自行評估。需要準備的資料如下：

- [ ] 護照正本（6個月以上效期，簽名欄需本人簽名）
- [ ] 「落地簽證許可函（Vietnam Visa Approval Letter）」1張
- [ ] 出入境表格（Entry And Exit Form）2張
- [ ] 2吋大頭照1張
- [ ] 單月單次觀光簽證申請費用25美元

Visado Vietnam 5usd

Vietnam Visa Pro

透過Visado Vietnam 5usd申請落地簽證

申請目的　　　護照國家　　　　簽證種類

Step1 填寫申請資訊

入境日期

出境日期

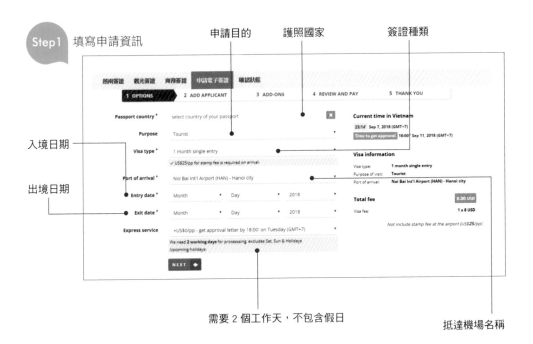

需要2個工作天，不包含假日

抵達機場名稱

全名　　　性別　　護照號碼

Step2 填寫個人資料

出生日期

護照到期日

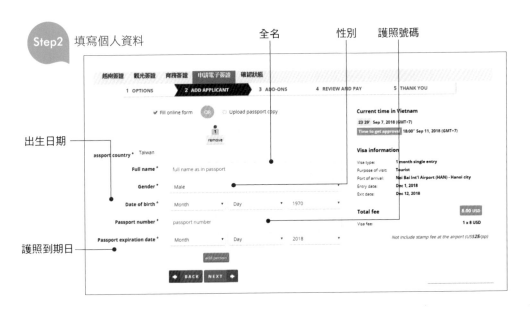

Step3 填寫電子郵件

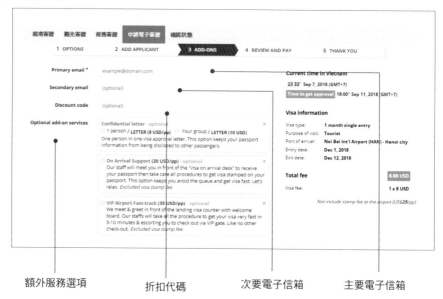

額外服務選項　　　　折扣代碼　　　　次要電子信箱　　　　主要電子信箱

透過Vietnam Visa Pro申請落地簽證

Step1 選擇國家

下拉選取

選擇 Taiwan

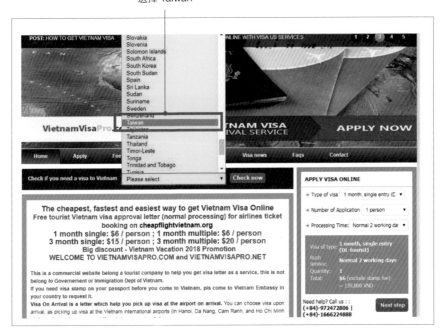

選取完成

Step2 填寫個人資訊

全名　　性別　　出生日期

國籍
護照
號碼

主要
電子信箱

次要電子信箱

航班

抵達機場

簽證目的

入境日期

特別要求

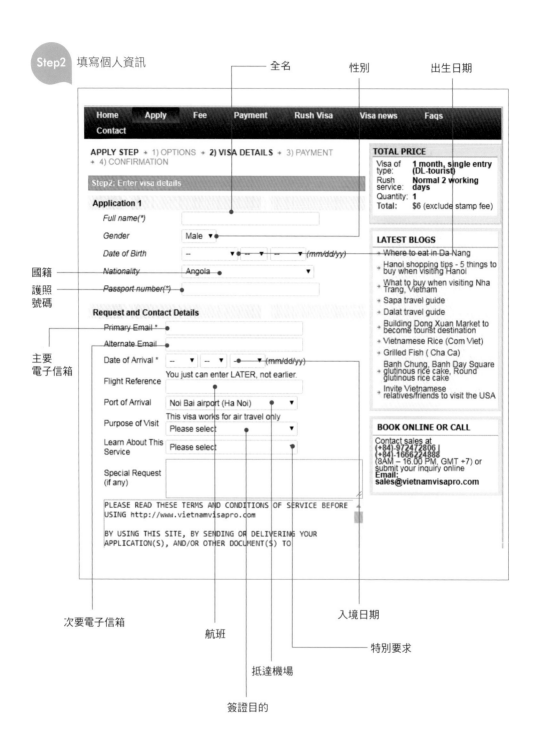

Step3 選擇付款方式

Step4 填寫付款資訊

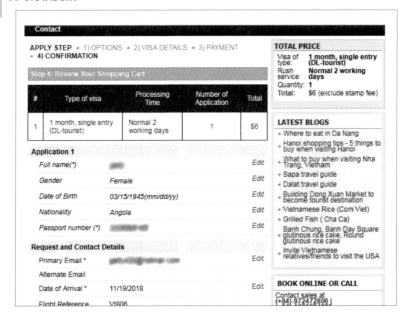

3種確認信

　　線上申請付款完後，會收到3種確認信件，說明如下：

1. 郵件主旨「Vietnam Visa Confirm – Please reply」（不重要）

　　這是單付款信件，相信大多數的申請者都已用信用卡付款完畢，所以確定有收到此信件即可，若沒有收到，可以檢查是不是寄到垃圾郵件裡。

2. 郵件主旨「Vietnam Visa Pro Confirmation – Received your Payment」（重要）

　　這封信是確認已付款的信件，一般會在線上付款完畢後的2～3小時收到來信確認，若是假日前申請，則來信時間會稍微久一點。

3. 郵件主旨「Vietnam Visa Pro – Send visa letter in attachment file」（最重要）

　　這封信的主要內容是簽證信件，一般需要2～3個工作天才會收到，需稍微注意一下的是，這封信也是有可能自動跑到垃圾信件。打開信件內的「落地簽證許可函（Vietnam Visa Approval Letter）」後即可列印。但建議列印前需再次檢查落地簽證許可函的資料是否正確。確認無誤後列印出此信，並準備2張2吋的照片。

　　並且在郵件內下載Entry And Exit Form（出入境表格）填寫，之後帶著「落地簽證許可函」1張及「出入境表格」2張及其它所需資料，下飛機後到Airlines Office Desk辦理落地簽證即可。

出入境表格填寫對照（表1）

1.護照姓名（大寫）	2.性別
3.出生：日／月／年	4.出生地
5.出生地國籍	6.現在國籍
7.宗教信仰	8.職業
9.工作地址	10.通訊地址、電話／Email
11.家庭成員	12.護照號碼、種類、發照國家、護照到期日
13.前次入境日期	14.預計入境日期、預計停留天數
15.入境目的	16.預計暫住地點
17.若持觀光簽證則可免填	

出入境表格（Entry And Exit Form）填寫教學（表1）

Photo 4*6 cm
(standard
passport size)
See notes
(2)

TỜ KHAI ĐỀ NGHỊ CẤP THỊ THỰC VIỆT NAM (1)
VIETNAMESE VISA APPLICATION FORM
(Dùng cho người nước ngoài – For foreigners)

1- Họ tên (chữ in hoa) :
Full name (in capital letters)
2- Giới tính: 3- Sinh ngày :
   Sex   *Date of birth (day, month, year)*
4- Nơi sinh :
Place of birth
5- Quốc tịch gốc :   6- Quốc tịch hiện nay:.
Nationality at birth   *Current nationality*
7- Tôn giáo: 8- Nghề nghiệp:
Religion   *Occupation*
9- Nơi làm việc :
Employer and business address:
10- Địa chỉ thường trú:
Permanent residential address:
....Số điện thoại/Email: ....
                                 Telephone/Email
11- Thân nhân (*Family members*):

Quan hệ *Relationship* (If any) (3)	Họ tên (chữ in hoa) *Full name (in capital letters)*	Giới tính *Sex*	Ngày sinh *Date of birth (Day, Month, Year)*	Quốc tịch *Nationality*	Địa chỉ thường trú *Permanent residential address*

12- Hộ chiếu số/ giấy tờ có giá trị thay hộ chiếu số: Loại (4): Type
Passport or International Travel Document number
Cơ quan cấp: có giá trị đến ngày
Issuing authority: *Expiry date (day, month, year)*
13- Ngày nhập xuất cảnh Việt Nam gần nhất (nếu có): ....
Date of previous entry into Viet Nam (if any)
14- Dự kiến nhập cảnh Việt Nam ngày   ; tạm trú ở Việt Nam .... ngày
Intended date of entry (Day, Month, Year)   Intended length of stay in Viet Nam: days
15- Mục đích nhập cảnh
Purpose of entry
16- Dự kiến địa chỉ tạm trú ở Viet Nam
Intended temporary residential address in Viet Nam (if any)
17- Cơ quan, tổ chức hoặc cá nhân tại Việt Nam mời, bảo lãnh (nếu có)
Hosting organisation/ individual in Viet Nam (if any)
- Cơ quan, tổ chức:
Name of hosting organization

出入境表格（Entry And Exit Form）填寫教學（表2）

Địa chỉ:
Address
- Cá nhân: (họ tên) ....
Hosting individual (full name)
Địa chỉ...
Address
Quan hệ với bản thân ....
Relationship to the applicant
18- Trẻ em dưới 14 tuổi đi cùng hộ chiếu (nếu có):
Accompanying child(ren) under 14 years old included in your passport (if any)

Photo 4* 6 cm
(standard
passport size)

Photo 4*6 cm
(standard
passport size)

填寫 14 歲以下的
同行者資料

全名（大寫）

Số TT No	Họ tên (chữu in hoa) Full name (in capital letters)	Giới tính (sex)	Ngày tháng năm sinh Date of birth

19- Đề nghị cấp thị thực: một lần   單次簽 nhiều lần   多次簽
Applying for a visa   Single   Multiple

Từ ngày:............/......./........... đến ngày:......../........./.........
Valid from (Day, Month, Year) to (Day, Month, Year)

申請
簽證日期

20- Đề nghị khác liên quan việc cấp thị thực (nếu có):........................
Other requests (if any)   其他要求
....

Tôi xin cam đoan những nội dung trên đây là đúng sự thật.
I declare to the best of any knowledge that all the above particular are corect.

同意簽名處   Làm tại: , ngày ...... tháng …...năm ....
    Done at   *date (Day, Month, Year)*
    Người đề nghị (ký, ghi rõ họ tên)
    The applicant's signature and full name

Ghi chú/*Notes:*
(1) Mỗi người khai 01 bản kèm theo hộ chiếu hoặc giấy tờ đi lại quốc tế, nộp trực tiếp tại cơ quan đại diện Việt Nam ở nước ngoài hoặc đơn vị kiểm soát xuất nhập cảnh tại cửa khẩu quốc tế nơi nhận thị thực.
Submit in person one completed application form enclosed with passport or International Travel Document at the Vietnamese Diplomatic Mission abroad or at the international border checkpoint immigration office where the visa is issued.
(2) Kèm 02 ảnh hộ chiếu 4* 6 cm, phông nền trắng, mặt nhìn thẳng, đầu để trần, không đeo kính mầu (01 ảnh dán vào tờ khai, 01 ảnh để rời).
Enclose 02 recently taken photo size 4 6 cm(standard passport sized photo), with white background, front view, bare head, without sunglasses (one of the form and the other separate)*
(3) Ghi rõ bố, mẹ, vợ, chồng, con, anh, chị, em ruột (nếu có).
State clearly the information about parents, spouse, children and siblings (if any).
(4) Ghi rõ loại hộ chiếu phổ thông, công vụ, ngoại giao hoặc giấy tờ có giá trị đi lại quốc tế.
Specific type of passport whether it is Ordinary, Official or Diplomatic or specify name of the International Travel Document.

網卡申請與越幣兌換

跟著以上步驟順利進入越南之後，最重要的就是要先辦理SIM卡、網路以及兌換越南幣，以便使用網路叫車、查地圖，以及享受消費的樂趣。

SIM卡申請、網路辦理

在胡志明市，大部分的餐廳、咖啡廳或是百貨中心都會提供免費的Wi-Fi，但還是建議可以辦張SIM卡來使用網路，以便不時之需，例如使用Grab叫車或是Google找路。若需購買SIM卡，出了機場的海關後，便可看到許多標示著「Telephone Sim Card」的櫃台，即可向前詢問購買，可選擇目前越南的3大電信公司：VinaPhone、Viettel、Mobifone，或是可以在台灣先租借好3G/4G Wi-Fi隨身機。

越南的網路收訊不論是 3G 或是 4G，速度都不會太快！
各家電信的可用餘額查詢分式：
MobiFone：簡訊內容打上 KT DATA 發送至 999
Vietnamobile：直接撥打 *102#
Viettel：簡訊內容打上 KTTK 發送至 191

兌換越南盾

越南盾（Dong），一般縮寫為VND，越南人以千為購買單位，所以當商家說500時，意思是50萬越南盾，而不是500塊越南盾。越南盾常用的面額為最大為50萬，依序是：20萬、10萬、5萬、2萬、1萬，更小單位也有5000、2000、1000、500，均為塑料紙幣。

在越南還是以使用當地貨幣：越南盾為主的，若在台灣想先兌換的話可以到台灣銀行或是桃園機場兌換。若打算到越南再兌換，拿美金兌換的匯率會比拿新台幣兌換來得好。

常見的兌換地點

1.機場

　　可以在機場櫃台先兌換些許越南盾，但不建議在機場兌換過多，因為機場匯率比較差。另外換匯時請當下點收核對好拿到的越南盾，有的換匯人員會趁亂少給你。因為越南頓貨幣太大了，所以請保持清醒的頭腦點收好。另外，也需事先詢問是否會加收手續費。務必先將對方按給你的金額總數留住，當場仔細核對。

2.飯店櫃台

　　大部分飯店的櫃台都提供兌換越南盾的服務，實際兌換的匯率可自行諮詢飯店櫃台。

3.觀光區附近的銀樓

　　大部分來胡志明旅遊的觀光客都住在第1郡，所以第1郡附近的銀樓都知道觀光客進來的目的為何。在觀光地區匯換越幣大多無須護照，詢問好匯率，若覺得價錢可以接受，直接把美元給兌換商家即可，不需要過多的語言交談，在銀樓兌換有時候匯率反而比銀行好，只是兌換完後還是要多多注意身旁可疑人物。

在胡志明市禁止及需注意的事項

1. 禁止公眾親吻，越南還算是個保守的國家，尊重文化差異，入境隨俗。
2. 不建議攜帶貴重物品上街，因為這是極端危險的行為，要小心搶劫。。
3. 包包千萬不要背後面，且為了個人的安全，不要帶太多錢在身上，夠你一天用就好了。
4. 在寺廟禁止穿著過度暴露的服裝。
5. 走路不要滑手機，以免機車強匪咻一聲就搶走你的手機逃之夭夭。
6. 一般店家不輕易借廁所：這是胡志明的另一個文化，若要借廁所，買一些東西吧！
7. 注意觀光景點附近的椰子小販：這些小販專門針對外國人下手，他們會主動友善地用英語跟你聊天交談，或是好心介紹你附近的觀光景點，也可能把擔子交給你，說讓你拍照體驗一下。小心被纏上，在你們交談的同時，他們就會趁你不注意，一口氣殺了幾顆椰子要你買，而且一顆椰子的價格可是高於市價的。
8. 注意路邊擦鞋仔：他們幫你擦完鞋後，還會佯裝好意，在沒有徵詢你的同意下幫你修理鞋子，然後高價索取修鞋費用。
9. 注意三輪車車伕：曾有三輪車車夫把乘客載到較偏僻的地方勒索，因此上車前請先談好價錢，或注意是否往人少的地方前進。
10. 禁止在公共場所把錢全部拿出來或攤開讓小販、司機自行拿取。
11. 在越南餐廳若使用餐廳提供的濕紙巾，是要付費的呦！
12. 無論是在觀光區或是非觀光區，買東西時請事先詢問好價錢，確定好價錢再點菜或飲料，並且最好使用越南盾。
13. 最後請記得，越南還是一個以軍政府為主的國家！

出門在外，安全第一。
若真出了很危急的狀況，當地公安電話請撥：113

● ● ● **info**

胡志明市台北經濟文化辦事處
☎ 336 Nguyễn Tri Phương, Phường 4, Quận 10, Hồ Chí Minh
((28) 38349160～65
⏱ 上班時間08：00～17：30

關於交通

交通是旅行前務必做好的功課，從台灣到胡志明市有哪些航班、抵達後市區的交通方式等等，都是必須事先了解資訊的！

從台灣到胡志明市

台灣飛胡志明市非常方便，北、中、南都有可直飛胡志明市的航班，不需要另外轉機。

直飛免轉機

從桃園機場出發，可搭乘中華航空、長榮航空、越捷航空或越南航空；台中可選擇越捷航空或華信航空；台南則可搭乘越捷航空；高雄除了越捷航空還有越南航空可選擇。以上個4地方均可直飛到達胡志明市的新山機場。

桃園國際機場	台中國際機場	台南航空站	高雄國際航空站
中華航空	華信航空	越捷航空	越南航空
長榮航空	越捷航空		越捷航空
越南航空			
越捷航空			

愈淡季價差不大

對於一般航空公司淡旺季的費用差距可從新台幣8千多至1萬多，現在胡志明市旅遊的淡季月分可以說是愈來愈少。因為越南和台灣一樣都有著過農曆年的習俗，所以每到1、2月，因2地返鄉過年的關係，機票價格偏貴；又因為台灣的國定連續假日也正好是越南的國定假日及寒暑假，所以都算是旺季，而剩下所謂的淡季就僅約落在每年3、5、6、11月了。

廉價航空目前只有越捷航空，促銷活動也最多，雖然價格便宜，有時候最便宜只要4、5千台幣（含行李費用），但對於航班可能常會有的延遲狀況發生，一定要事先做好心理準備，並且要特別注意，越捷一天只有2班哦！

胡志明市新山機場到市區

其實在入境大廳就有許多寫著「TAXI」的櫃檯可以買計程車券，但價格通常較高了一點。目前胡志明市機場到市區尚無機場捷運或地鐵，大多是以計程車或公車為主。從胡志明市新山國際機場（Sân bay Quốc tế Tân Sơn Nhất）進胡志明市中心有3種方式：

1.機場計程車

出了新山機場後，向左邊走，在機場出口的最左側可排隊搭乘，建議搭乘白色底的「Vinasun」或是綠色底的「Mai Linh」，2大計程車隊，避免搭乘私家車或是機場外主動來尋問喊價的司機。畢竟我們不是當地人，到哪裡多少價格是合理的，沒有依據，又或許司機為了多收點費用而巧立名目，那倒不如照表跳來得踏實點。

一般從機場到第1郡市區約20萬～25萬越南盾。若是不塞車車程約半小時就可從新山國際機場到達第1郡，但進出新山機場計程車都需要繳1.5萬塊越盾的機場過路費，所以最後付車錢的時後，計程車機司除了跳表的價格外，還會多收這一段的過路費。

2.Grab叫車系統

出了新山機場後若有網路可連線即可用Grab APP叫車系統，車資約是計程車的一半。胡志明的觀光業已漸漸在起飛，所以Grab司機的英語程度相較於以前來說已進步很多，而且服務品值也提升了許多。

3.公車

對於背包客來說，大部分的人多是搭乘從新山機場到范五老街之間的152及109線公車，從機場到市區車程約45分鐘。公車搭乘的地點就在出機場後往右手邊走，在13號柱的對面，穿越13柱前的斑馬線，就可以看到公車票亭了。

公車票亭有穿著AIRPORTBUS制服的服務人員，將你準備前往的目的地或是住宿飯店出示給他看。公車巴士上還有提供免費Wi-Fi的服務，Wi-Fi密碼通常在門或窗邊就有，所以搭乘公車也不是件麻煩困難的事，若想來趟越南公車體驗之旅的話，建議是可以試試看，有的公車是沒有提供冷氣的呦！

公車主要有以下3種路線選擇：

● ● ● ● info

152線 公共汽車

車程：45分鐘／車資： 5.000 VND（需額外行李費用5.000 VND/1件）
行車時間：05：45～18：15
班距：約12～20分鐘1班車
購票地點：國際航廈13號柱對面
*停駛的站比109公車還多且車況較老

● ● ● ● info

49線 機場巴士

車程：45分鐘／車資：4萬VND（沒有額外的行李費用）
行車時間：5：30～00：30
班距：
非尖峰時間：每 20～30分鐘1班車
尖峰時間：40分鐘1班車
購票地點：國際航廈12號柱

TIPS

建議可以下載胡志明市的公車路線圖
網址：https://itunes.apple.com/us/app//id107
7969531?mt=8

● ● ● ● info

109線 黃色機場公車

車程：45分鐘／車資：2萬VND
沒有額外的行李費
行車時間：5：30～凌晨1：00
班距：每15～20分鐘發車1班
購票地點：國際航廈13號柱對面

公車路線圖　　　　Bus Map APP

胡志明市區交通

在胡志明市旅遊，交通移動上現在是愈來愈方便，雖然目前在第1郡的市中心還在蓋捷運工程，以致周圍交通有時候不是太順暢。特別是在上下班的時段，當機車大軍全數出動時，在胡志明市裡很難有不塞車的地方。

說到胡志明市的交通，這裡絕對是全世界摩托車最密集的國家了，常常在街上可以看到外國人拿起手機錄下摩托車大軍行駛的過程，或是路人成群結隊地過馬路。歡迎來到這個交通瘋狂混亂，卻又亂中有序的城市。在胡志明市除了常可以聽到街上的喇叭聲此起彼落之外，還有機車騎士無論是在何種交通情況之下都如同入無人之境的騎法，有時候實在令人替他捏一把冷汗。所以走在路上，一定要注意安全。市區內的交通方式主要有以下4種選擇：

1.計程車

目前當地有2家主要的合法計程車公司，一家是白色底的是 「Vinasun」，一家是綠色底的「Mai Linh」，這兩家都是根據「公里數」跳表計費的計程車，所以可以放心搭乘。但建議在上車前還是要多注意一下車子外觀，因為就連計程車現在都有出現冒牌的，外觀跟正統計程車很像。

在胡志明市區移動搭乘計程車，若車程順利且在15～20分鐘內可到達目的地，一般費用不會超過15萬越南盾（約新台幣200元）。但上車前最好還是跟司機確認好地址，並確認計費方式是「By Meter」再出發，以免遇到司機也不知道路要重新找路的情況。

2.獨占市場的叫車系統服務Grab

除了計程車車隊，越南這2年也引進了叫車系統服務「Uber」以及來自新加坡目前在東南亞很火熱的「Grab」。但後來越南的Uber被Grab收購，所以目前的叫車系統是Grab獨大。建議手機裡可以事先安裝Grab的APP，有時候搭乘的車費會比在路上隨意攔計程車來得便宜。

用Grab系統叫車時，軟體會顯示所在地周圍有的車號及車型，並事先顯示到達你想去的目的地所需車費及預計抵達你目前所在地所需要的時間。當軟體顯示車子到達你的所在地點時，就需注意周遭的車子，是不是有相同車型及車號的計程車。Grab可以選擇現金或是信用卡支付，另外，Grab叫車系統也適用在摩托車的接送，摩托計程車的起價是1.2萬越南盾。

貼心
提醒

1. 建議在台灣就先下載並設定好 Grab 的 APP。
2. 不懂越文沒關係，將想前往的地址複製貼上於 APP 軟體系統上即可。
3. 軟體會自動顯示目前位置與附近的車輛及搭乘所需費用。
4.Grab 可以綁定信用卡直接扣款，或者是直接付現鈔。

3.摩托計程車

在胡志明市搭摩托計程車的車資確實是比計程車還要便宜，而且最大的好處是比較不會塞車，特別是上下班的時間。當你趕著要到下一個行程地點時，搭乘摩托車肯定是最快的。不過出門在外還是小心為上，因為搭乘摩托車，司機有時候可能會抄捷徑走小路，特別是胡志明市的巷子可與北京的胡同相比，進去後怎麼拐、哪裡還有路，這絕對不是我們外地旅人所知道的，有的巷子窄到只能過一部摩托車而已，所以建議若是不在市區的話，為了安全著想，盡量避免走巷子，若發覺情況不對，可以說：Dừng lại（愣來），意思是「停在這」。

搭乘摩托車的另一個風險是，對於交通規則，有時候越南人只會拿來參考用，在胡志明市的街上常常看得到逆向行駛的摩托車與迎面而來的車陣大軍正面對決，所以你的摩托車司機是不是會乖乖地遵守交通規則這就不知道了。

至於在胡志明市的街頭常可以看到有人躺在摩托車上或是成群坐在街頭巷口，這是傳統的摩托計程車。摩托車司機在越文中有個專有的稱呼為「Xe Ông（念法音似：西翁）」。這種傳統的摩托車載乘是事先講價的，談到一個雙方都同意的價格才啟程。不過由於傳統Xe Ông的英文通常都不是很好，而且一般觀光客對搭乘的距離及費用也較沒概念，所以大多也都是當地人所搭乘，不過現在當地人使用Grab系

統來搭乘摩托車也已經很普遍了。

4.租借摩托車

　　范五老街（Khu phố Phạm Ngũ Lão）這裡有許多摩托車租借的店家，只要帶著你的國際駕照來這就可以租借摩托車了。租借1天的費用約15萬～23萬VDN（約台幣200～300元之間），不過有的不包括保險費用。胡志明市擁擠混亂的交通也是這個城市的特色之一，越南人的用路觀念不同於台灣或日本這麼中規中矩，不管是機車騎士或是汽車司機都有一直按喇叭的習慣，交通習慣不是很好。

　　面對車水馬龍的車輛大軍，這裡的交通也不是每個遊客都能駕馭的，所以若是自行租借摩托車，除了要將這項風險考慮進去外，再加上胡志明市左拐右彎的大街小巷，路況熟悉度等，這些可都是要評估的！在胡志明市若要幫機車加油的話，和當地人語言不通沒關係，直接把車停在加95汽油的位置，打開油箱蓋，如果你要加10萬越盾，就秀出10萬越幣給他們看，他們就會幫你加到這個金額了！

關於住宿

隨著觀光業發展，胡志明市的住宿選擇也越來越多樣化，文青旅館、網美特色酒店、六星級的飯店或是小資背包客路線全都有。

　　雖然近幾年來才吹起台灣人到越南胡志明市旅遊的風潮，但因曾經受到法國殖民的這段歷史因素影響，使得它不僅有著「東方小巴黎」的稱號，同時也是全越南西化最深的地方，也因此一直以來深受西方遊客的青睞。目前的胡志明市除了仍保有當時法屬時期所建造的5星級法式風格飯店（如：Hotel Majestic Saigon、 Hotel Continental Saigon）外，更有號稱飯店內一切家具裝潢都從義大利進口的六星級奢華飯店（如：The Reverie Saigon）。

第1郡：旅館、飯店聚集地

　　第1郡是可以說是全胡志明市旅館飯店最密集的地方，無論是高檔可以眺望西貢河的飯店或是結合現代與傳統，融合東方與西方的特色飯店或是新穎、夠潮讓你連在房間裡也能拍出網紅照片的酒店或是平價小資路線的旅店在1郡全部都有。因為大多數的旅遊景點、商業、經濟與行政中心都在此，所以住在1郡無論是生活或是交通機能均較為方便。

范五老街：背包客棧與平價旅社

　　若是以背包客路線為主則可到范五老街裡尋找物廉價美的飯店，還提供免費的Wi-Fi，只是這區往來的人比較雜，建議攜伴同行或是要稍為注意一下自身安全問題。當然為因應越南成為愈來愈熱門的旅遊景點，不少當地人也開起了民宿，風格設計與機能設備有時候一點也不遜於飯店，若仔細搜尋仍可找到物超所值，CP值更高一點的住宿地點。

　　胡志明市整體的住宿價格不算太貴，新台幣1,500元以內就能找到3星旅店，2,500元左右就能入住4、5星設計酒店，或是透過訂房網站尋找更優質的民宿，高貴不貴的胡志明之旅，正等你來體驗。

貼心提醒　　推薦訂房網站：

hotel.com

Agoda

Airbnb

推薦行程

行程安排看這裡,除了不同主題路線之外,還有 1 日遊及 5 天 4 夜的行程可以參考哦!

主題路線

胡志明市豐富多彩的面貌,提供多種不同的旅遊風格選擇,無論你是文青、網紅、貴婦還是吃貨,都可以輕鬆安排屬於自己的旅遊路線。

文創路線

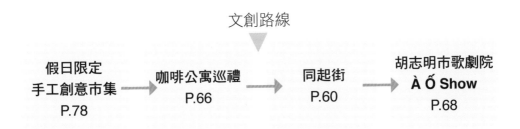

假日限定
手工創意市集
P.78 → 咖啡公寓巡禮 P.66 → 同起街 P.60 → 胡志明市歌劇院 À Ố Show P.68

網紅路線

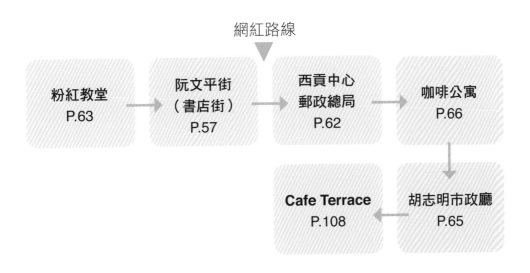

粉紅教堂 P.63 → 阮文平街(書店街) P.57 → 西貢中心郵政總局 P.62 → 咖啡公寓 P.66 → 胡志明市政廳 P.65 → Cafe Terrace P.108

貴婦路線

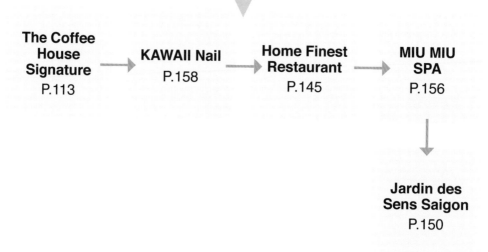

The Coffee House Signature P.113 → KAWAII Nail P.158 → Home Finest Restaurant P.145 → MIU MIU SPA P.156 → Jardin des Sens Saigon P.150

在地美食吃貨路線

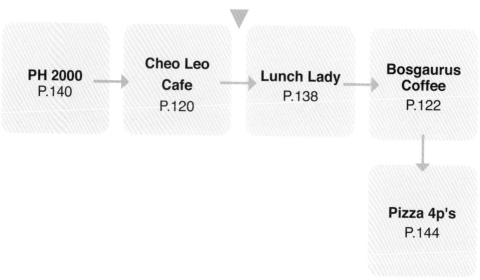

PH 2000 P.140 → Cheo Leo Cafe P.120 → Lunch Lady P.138 → Bosgaurus Coffee P.122 → Pizza 4p's P.144

5天4夜遊

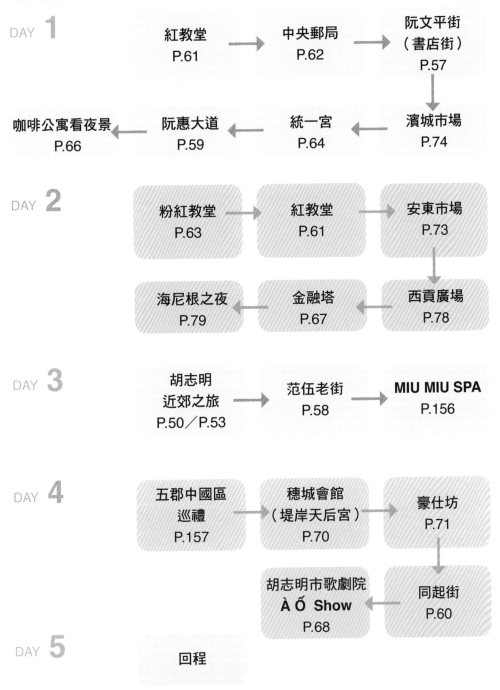

DAY **1**

| 紅教堂 P.61 | → | 中央郵局 P.62 | → | 阮文平街（書店街）P.57 |

咖啡公寓看夜景 P.66 ← 阮惠大道 P.59 ← 統一宮 P.64 ← 濱城市場 P.74

DAY **2**

粉紅教堂 P.63 → 紅教堂 P.61 → 安東市場 P.73

海尼根之夜 P.79 ← 金融塔 P.67 ← 西貢廣場 P.78

DAY **3**

胡志明近郊之旅 P.50／P.53 → 范伍老街 P.58 → MIU MIU SPA P.156

DAY **4**

五郡中國區巡禮 P.157 → 穗城會館（堤岸天后宮）P.70 → 豪仕坊 P.71

胡志明市歌劇院 À Ố Show P.68 ← 同起街 P.60

DAY **5**

回程

近郊1日遊

來到胡志明市，除了市區裡有許多景點、餐廳、咖啡廳不容錯過以外，近郊山明水秀的風景也很值得一遊哦！

頭頓耶穌山之旅

距離胡志明市東南方120多公里，車程約2小時的頭頓（Vũng Tàu）是胡志明市近郊的臨海度假勝地，也是在地人假日休閒的好處去，近年來頭頓也興建不少別具風格的Villa與渡假休閒飯店，所以若是安排2天1夜的行程，放慢步調更能享受海景的優閒。

從胡志明市到頭頓的交通方式可以說是愈來愈方便了，除了可以參加旅行社安排的1日遊外，若自行前往可在濱城市場旁搭45號巴士直達東部車站（Bến Xe Miền Đông）後，進入車站大廳尋找購買從車站前往頭頓的售票亭即可抵達。或是可以選擇從胡志明市搭乘船隻前往頭頓，總時程約1.5個小時。

頭頓之所以吸引人的地方在於迷人的白色沙灘、新鮮平價美味的海鮮以及著名的旅遊觀光勝地耶穌山。座落在耶穌山山頂的耶穌雕像面向南中國海總高度達32公尺，和巴西里約熱內盧的耶穌山一樣，是世界上少有的大型耶穌雕像。若要登上全山最高點，那得要有好體力才行。沿著耶穌山的山路一路上有八百多個階梯，登上耶穌山頂後，若想要攻頂

爬最高點到耶穌的肩膀俯瞰全景、一飽眼福，則要脫鞋進耶穌的聖像內，通過聖像內的迴旋梯便可直通耶穌像的肩膀，每邊肩膀1次只可容納3～4人。站在耶穌聖像的肩膀上，吹著涼爽的海風，望盡頭頓全景及遠眺南中國海，這旅程再辛苦也是值得的。

TIPS

1. 從胡志明市搭程船班到頭頓的資訊可查尋此網站：greenlines-dp. com（英、越文都可）
2. 到達東部車站後，需注意隨身行李，對於前來尋問的車伕或司機若無需要，盡量避免搭話。

Greenlines-dp

美拖湄公河之旅

　　湄公河（越語：Sông Mê Kông），來胡志明市旅遊，若時間上允許，那麼遊湄公河絕對是你的旅遊清單必填上去的景點之一。湄公河（Mekong River）是東南亞最大的河流，流經6個國家，緣頭起源於中國青海省，在中國境內稱為瀾滄江，出了中國後一路流經緬甸、寮國、泰國、柬埔寨，最後在越南出口流入南海。

　　若你是自助到胡志明市旅遊，對於這種類熱帶雨林探險有興趣的話，建議你可以到范五老街這區或是濱城市場附近找專門針對外國人所安排近郊行程的旅行社。若是想找大間、知名一點的，可以找位在范五老附近的TheSinhTourist。

　　從市中心往南直驅美拖，美拖是熱帶水果的盛產地，特別是椰子。抵達美拖碼頭登上馬達船隻後，便可沿途欣賞湄公河畔兩旁的景色，當然最特別的體驗是搭乘手搖船（美托和檳椥地方的傳統交通工具），當手搖船隻慢慢搖進樹林茂密的支流河道內時，周圍寧靜無聲，安靜得連船槳流水聲都稍嫌大聲，真的很有雨林探險的感覺。

　　除了搭乘船隻外，旅途更會步行穿越田野小徑，目睹當地農家最真實的生活型態。也會參觀當地手工藝品攤販與椰子糖工廠，了解椰子糖製作的過程與品嘗當地野菜。這種特別的體驗只有來胡志明市才有，錯過了可是很可惜喔！

TIPS

1. 所需時間約 8 小時，一般午餐都會享用當地農家特色菜肴。
2. 建議穿著輕便服裝，搭乘船隻時有時難免被船邊的水花噴到。
3. 建議帶頂帽子遮陽。

CHAPTER

02

必踩景點

精選胡志明市好逛又好玩的景點
歷史建築巡禮✕享受購物樂趣✕體驗在地生活

Part 1　經典景點

必訪街廓 X 歷史建築

不知道從哪裡逛起，
走過這些景點就對了！
最具西貢風情的街道巡禮，
百年歷史建築讓人瞬間回到過去。

必訪街廓

結合了購物精華地段與歷史景點聚集的特色，胡志明市的幾條大街，千萬不能錯過，行程再緊湊也要留下時間，來這裡走走逛逛。

阮文平街 Nguyễn Văn Bìn
文青必訪的書店街

如果到紅教堂及百年郵電局這一帶來參觀的話，建議可以順道步行至附近的書街走走。從郵政總局往麥當勞的方向走，在紅教堂斜後方的阮文平街，是2016年才規劃開幕的書街。在這條樹蔭連綿的街道中，隔絕了汽機車的喧嘩吵鬧聲。走在林蔭大道中，書香伴隨著咖啡香的文化氣息可以讓人放鬆心情，慢活優閒地佇足許久，書街兩側盡是各式各樣的特色書店、文創商店，隨處也可見裝置藝術。露天的咖啡座更是為這條街增添了幾分優閒的氛圍。若是行程時間許可就來這體會慢步樹蔭下，慢活書香味的情趣吧！

● ● ● info

🏛 Nguyễn Văn Bình, Bến Nghé, Hồ Chí Minh
🕐 09：00～20：00
👍★★★★★

書街舒適宜人的氣氛。

范五老街 Phạm Ngũ Lão
背包客補給站與不夜城

　　范五老其實是越南當地歷史上的民族英雄，他是越南陳朝時期一位傑出的軍事家，曾率兵抵抗當時中國元朝軍隊的入侵。無論是在河內或是胡志明均有一條以他名字命名的街道，可見他在越南人心中的歷史地位。

　　說到胡志明的范五老，大都是指這條范五老街及附近阮太學路（Nguyễn Thái Học）、碧文街（Bui Vien）、和貢瓊街（Cong Quynh），這幾條街所組成的區域。這裡不只是背包客的集散地，也是知名觀光區，就如同曼谷的考山路一樣，食衣住行在這都能解決。平價旅舍、安排當地行程的旅行社、平價越南美食小吃、貨幣兌換店或者是裁縫訂製店及便利商店都聚於此地。對於背包客來說，白天的范五老街包準能解決旅遊生活的疑難雜症。

　　碧文街大多數的酒吧都集中於此，晚上這裡如同香港的蘭桂坊一樣熱鬧，啤酒攤與PUB林立，街道的兩側擺滿了矮凳與矮桌，人們就坐在路邊喝啤酒、聊天，閃爍的霓虹燈、異國情調的氛圍、流連於此的老外，這裡到了夜晚則是展現了胡志明的另一種風情面貌。

● ● ● ● info
🏛 Phạm Ngũ Lão, Quận 3, Hồ Chí Minh
👍 ★★★★★

夜晚的范五老街人群聚集，十分熱鬧。

阮惠大道上的新年拱橋。

阮惠大道 Nguyễn Huệ
胡志明市中心徒步區

說到阮惠大道，這是每個到胡志明的旅人必定會來的景點巡禮之一。阮惠大道的起點為胡志明市政廳，接著是行人廣場徒步區，每逢佳節慶典若有大型活動多數都在此舉辦，過年時節還會封街，禁止車輛通行。假日時間這裡不只有水舞秀，還常可看見當地人在廣場上圍成圈圈、隨地而坐，流動攤販及街頭藝人也都聚集於此。阮惠大道鄰近胡志明歌劇院、金融塔，街道兩側有五星級飯店、書店、百貨商場、各大連鎖咖啡店及各式小店林立，咖啡公寓也座落於這條街上，入夜後的阮惠大道更是燈火通明、繁華熱鬧。

● ● ● info

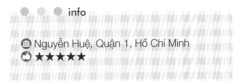

🏛 Nguyễn Huệ, Quận 1, Hồ Chí Minh
👍 ★★★★★

同起街 Đường Đồng Khởi
歷史長廊與購物天堂

全長約一公里的同起街與阮惠大道平行相鄰，聖母紅教堂、中央百年郵局、胡志明歌劇院、百年的歐陸飯店（Hotel Continental Saigon），舉凡浪漫法式建築遺址大多座落於此街上。這條街是當年法國殖民時期名流貴族聚集之地，雖已經過了百年時空歲月的洗禮，但卻也留下成為百年古蹟與歷史見證，為這座城市增添許多優雅風情，若慢慢欣賞、仔細觀察，還可發現當年的法式雕像，依然留存至今。

今日的同起街也是全胡志明最高檔的購物地段，不只完整地保留當年的法式街頭氣息，精品百貨商場、各種不同的特色商店、手工禮品小店或越南衣飾、編織品、漆器、油畫等紀念品店及各式各樣的越南美食也被網羅於此。街上除了川流不息、絡繹不絕的觀光客，也常見攤販店員在路邊發傳單、招攬客人。若是走累了，街上林立的咖啡館不時也會飄出咖啡香，就找一間自己喜愛的咖啡館，進去品嘗一杯西貢咖啡吧！

夜晚燈光炫目。

同起街上的百年歐陸飯店。

● ● ● info

🏛 Đường Đồng Khởi, Quận 1, Hồ Chí Minh
👍 ★★★★☆

歷史建築

在歷史上擁有重要地位的胡志明市，有著許許多多充滿歷史魅力的經典建築，不知道從哪裡開始認識胡志明市的話，就從這些經典景點開始吧！

西貢聖母聖殿主教座堂－紅教堂
Nhà thờ chính tòa Đức Bà Sài Gòn
胡志明市內第1大教堂

位在第1郡胡志明市中心區內的紅教堂，全名為「聖母無原罪聖殿主教座堂（Notre-Dame Cathedral Basilica of Saigon）」。這座仿照巴黎聖母院鐘樓打造的紅教堂建造於西元1863年，完工於西元1880年。外牆的紅色磚塊全都來自於法國的馬賽。因為整體的外牆顏色都是紅色，所以又稱為「紅教堂」。

教堂的兩側蓋有2座高度達約40公尺的鐘樓塔，紅教堂前重達4公噸的聖母瑪麗亞雕像是1945年義大利羅馬教會來訪之後所送的。經歷了3個世紀歲月的洗煉後，現在的紅教堂除了是胡志明市著名與具有建築代表的觀光景點之一，也是胡志明市內天主教總教區的主教堂及胡志明市內最大的教堂。每逢星期日教堂都會進行禮拜儀式，當然也有不少新人會來此拍攝婚紗。

● ● ● info

🏛 1, Công xã Paris, Bến Nghé, District 1, Ho Chi Minh

🕐 平日：5：30 ～ 17：00
星 期 日：05：30 ～ 6：30；7：30 ～ 09：30；16：00 ～ 17：15；18：30

👍 ★★★★★

西貢中心郵政總局
Bưu điện trung tâm Sài Gòn
胡志明第 1 座郵政局

　　與紅教堂比鄰呼應的是西貢中心郵政總局（Saigon Central Post Office），也有人稱之為「百年郵局」。西貢郵政總局興建於西元1866年，並於1892年開始啟用，從法國殖民時期至今亦有上百年的歷史，目前仍然持續進行郵政作業。

　　西貢中心郵政總局由巴黎鐵塔的設計師艾菲爾（Gustave Eiffel）親自設計，郵政總局的內部相當高挑氣派，拱形門窗、華麗的大吊燈，無不凸顯法式風格與氣派。大廳的兩側有郵政業務的辦理櫃台，總局內部的左右牆上還有2幅巨型地圖，分別是當時的西貢市區圖及印度支那半島地圖。郵局內的另一個特色是，當時建造的木製電話亭還保留至今。位於郵政局大門出口的兩側均有紀念品區，不過在西貢百年郵局想要留下最好的紀念品，就是寄1張明信片給自己，留下這次旅行的回憶，若是寄回台灣的話，約1個星期後就會收到。

● ● ● ● info

🏛 2 Công xã Paris Bến Nghé Quận 1, Ho Chi Minh
🕐 週一～週五：7：00～19：00
　 週六：7：00～18：00
　 週日：8：00～18：00
😊 ★★★★★

百年郵局裡的木製電話亭。

耶穌聖心堂 Nhà thờ Tân Định
胡志明市內第2大教堂（粉紅教堂）

耶穌聖心堂（Tan Dinh Church），她的起源可以追溯到1874年，由當時的神父Donatien Éveillard所發起及監督建造，並於1876年12月完工開幕。那時教堂旁邊也成立了寄宿學校及孤兒院，收留300多名孤兒。西元1957年，教堂進行了翻修，首次在外牆粉刷上粉紅色與白色。原本莊嚴肅穆的哥德式教堂，配上粉紅色與白色優雅溫馨的色調，意外地製造出屬於這座教堂獨有的特色與光彩。雖然之後也歷經了幾次整修，但卻一直保留著這奪目的色調，作為法國殖民時期給這座城市所留下的禮物。

目前耶穌聖心教堂是胡志明市內第2大的教堂，僅次於第1郡的西貢王公聖母教堂（紅教堂）。這個觀光景點位在第3郡，交通上比較不方便，距離紅教堂和中央郵局約1.5公里，沿著二徵夫人街（Hai Bà Trưng）步行約20分鐘即可到達這座令人少女心大爆發的耶穌聖心教堂。星期天教堂固定會舉行禮拜，禮拜時間在下午5點結束，此時教堂還會響起一段旋律悅耳的鐘聲。

● ● ● info

🏛 Nhà thờ Tân Định, 289 Hai Bà Trưng, Phường 8, Quận 3, Thành phố Hồ Chí Minh

🕐 平日：5：00～19：00
　　星期日：5：00～17：30

👍★★★★★

統一宮室內景觀。

統一宮 Dinh Thống Nhất
法國殖民時期的總督府

　　見證朝代更迭、歷史興衰的統一宮，位於胡志明市中心的位置，建於1869年，法國殖民時期。1862年的「西貢條約」作為越南成為法屬殖民地的序曲。當時的越南政府將南方的西貢、定詳與邊和3省割讓給法國，法國殖民政府為加強對越南的統治，故而在此興建此宮做為「交趾支那總督府」的辦公室，1873年完工後即取名為「諾羅敦宮」（Norodom Palace），法國殖民統治結束後改名為「獨立宮」（Independence Palace）。1976年越南正式統一，為了紀念這起重大事件，越南南方共和國決定改獨立宮為統一宮。如今，統一宮是胡志明市一個有名的參觀景點。

● ● ● ● info

🏛 135 Nam Kỳ Khởi Nghĩa, Phường Bến Thành, Quận 1, Hồ Chí Minh
🕐 每日 7：30 ～ 11：00；13：00 ～ 16：00（無公休日）
💲 成人 4 萬 VND；高中以下學生 1 萬 VND
🕐 ★★★★★

胡志明市政廳
Trụ sở Ủy ban Nhân dân Thành phố Hồ Chí Minh
華麗的法式建築古蹟

胡志明市政廳（Ho Chih Minh City Hall）現稱為「胡志明市人民委員會大廳」，他的前身是「西貢市政廳」，興建於1902年，在1908年落成。市政廳雖然只有兩2層，但鵝黃色的外牆配上鮮紅色的屋頂，色彩鮮明、華麗炫目，具強烈的法式建築風格。市政廳前方就是越南國父胡志明的雕像，同時也是阮惠大道的起點。夜晚的市政廳在燈光的照射下更是耀眼奪目。

● ● ● info

🏛 86 Lê Thánh Tôn, Bến Nghé, Quận 1, Hồ Chí Minh
◎ 目前市政廳內部沒有對外開放
☺ ★★★★★

咖啡公寓 The Cafe Apartment

各種特色咖啡廳集散地

說到胡志明市就不能不提到席捲社群平台的打卡地標「咖啡公寓（The Cafe Apartment）」。老舊的公寓、新穎的招牌，走在咖啡公寓裡彷彿身處在錯亂的時空中，過去與現代交織於一個空間中。

第一次到咖啡公寓其實有點不得其門而入，觀察了一下，樓下1、2樓是書局，要想往上走得從書局旁藍色招牌的走廊進去才行。進去之後，你會發現怎麼有人在等電梯呢？其實這座公寓有9層樓高，若你要搭乘電梯上樓的話，你

得付3000越幣（約新台幣4.2元）的搭乘費，但其實建議你不要想說9樓這麼高一定要搭電梯，其實一層一層地逛上去也是挺有趣的。

咖啡公寓裡聚集了不同特色風格的咖啡廳，從工業風到極簡派，從日式雜物風格到夜店風應有盡有。此外，還有英式茶館、服飾店、飾品店、冰品店、日本料理店、指甲彩繪店等，儼然就像是個小文創公寓。而位在5樓的MANGO TREE還是台灣人來開的芒果冰品店。

平時人氣就很夯的咖啡公寓，每逢星期五、六的晚上，更是越晚越熱鬧。

夜晚的咖啡公寓燈火通明。

● ● ● ● info

🏛 42 Nguyễn Huệ, Bến Nghé, Quận 1, Hồ Chí Minh
🕐 08:000 ～ 22：00
👍 ★★★★★

從金融塔望出去的市區美景。

金融塔 Tòa nhà
全越南排名第4的高樓大廈

位在第1郡，高聳醒目的金融塔（Bitexco Financial Tower）是目前胡志明市的第2高樓，全越南排名第4的高樓大廈，總樓層為68樓，高度為262公尺。金融塔的49樓有提供360度觀景台（SkyDeck），想一睹胡志明市區景色、遠眺西貢河的旅人可以來這裡，門票費用為20萬越頓（約台幣266元）。或是到第50～52樓的EON景觀餐廳，分別有Café EON咖啡廳、EON51 Fine Dining餐廳、EON Heli Bar高空酒吧，只要符合餐廳的最低消費即可，不用再額外支付門票費用。

● ● ● info

🏛 Bitexco Financial Tower, 2 Hải Triều, Bến Nghé, Hồ Chí Minh,
🕐 08：00 ～ 23：00
👍 ★★★★★

胡志明市歌劇院
Nhà hát Thành phố Hồ Chí Minh
法國殖民時期上流社會的交際娛樂場所

　　位於同起街上的胡志明市歌劇院（Ho Chi Minh Municipal Theatre，舊稱西貢歌劇院，Saigon Opera House）同樣是建造於法國殖民時期。於西元1898年開始動工，1900年完工落成。這充滿巴洛克（Barogue）風格的建築是由建議師弗萊特（Ferret）參考巴黎歌劇院的藍圖所設計建造，受法蘭西第3共和國華麗的建築風格所影響，所以在歌劇院中可以看到各式各樣的精美浮雕與花紋。所謂的巴洛克建築是起源於17世紀

的義大利，強調華麗、誇張及著重雕刻性。

　　歌劇院在法國殖民時期是當時上流社會的交際娛樂場所，於西元1955年之後有一段時間是作為南越政府的國會下議院使用。直到1976年，南北越正式統一後，這座藝術寶殿才又恢復了原本作為文藝的使命並一直延續到現在。胡志明市歌劇院陪伴這座城市經歷了超過3個世紀的歷史，已經可以說是胡志明市著名的必訪地標之一。

　　建議若時間安排許可，可以選擇接近傍晚時刻來看一場À ỗ show，同時感受歌劇院日景與夜景不同面貌的美。所謂的À ỗ show是由一位曾在百老匯演出的越裔德國導演Tuna Le所發想的，他回到越南後把越南當地人的文化特性結合竹子及藤編道具，透過表演者時而柔軟時而剛強的表演身段，再配上節奏性強的音樂所呈現的，這項結合越南民俗色特、音樂及舞蹈藝術的表演很受西方遊

客喜愛。開場前可以免費享用歌劇院所提供特色的茶水，在1小時的表演結束後，表演人員還會在大廳與觀眾互動、合照留影。

À ố show的座位票價由低至高，共分為3個等級：AAH座位區（3樓及底層1樓兩側）63萬 VND，OOH 座位區（底層1樓中間）105萬 VND，WOW座位區（2樓）147萬 VND。

在台灣看雲門舞集、首爾看亂打秀，那麼在胡志明市就別錯過À Ố Show了！

À ố show 的表演者。

● ● ● ● info

🏛 07 Công Trường Lam Sơn, Bến Nghé, Quận 1, Hồ Chí Minh
👍 ★★★★★

穗城會館 Chùa Bà Thiên Hậu
胡志明市歷史最悠久的天后宮

位在第五郡華人「堤岸」區的天后宮又稱穗城會館，據傳為胡志明市歷史最悠久最古老的一座廟宇，建於清乾隆時期。廟內所供奉的是眾所皆知的海上女神——媽祖，這座廟是當初的廣東移民所創建，現今不僅香火鼎盛，成為當地華人的宗教信仰中心，更是被越南政府列為國家級歷史文化遺跡的建築物。

走進廟內可以看見廟庭的天花板懸掛著數十個大型漩渦狀的香，又稱為「香塔」。傳聞是用來祈福消災的，香客只要至廟內櫃檯寫下名字，寺廟管理

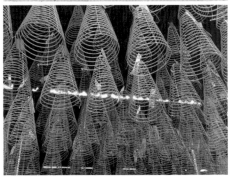

天后宮裡的祈福香塔。

人員就會幫你把香塔懸掛上去，若要自行騎車前往，建議將摩托車停於廟內，對於廟前攤販的熱情招攬也請小心為上。

● ● ● info

🏛 710 Nguyễn Trãi, phường 11, Hồ Chí Minh
🕐 平日：6：00 ～ 17：30
　 初一、十五：05：30 ～ 18：00
👍 ★★★★☆

豪仕坊 Hào Sĩ Phường

百年華人建築

「堤岸」這個胡志明市內數十萬華人的集聚居住之地，建於1879年，其範圍涵蓋胡志明市第五郡的西部和第六郡的部分區域。因為早年當地的華人為了防範水患而在西貢河邊建起壩堤，當地華人習慣用中文「堤岸」2個字來統稱這個華人區，所以逐漸地「堤岸」就成了這片土地的名稱。

走一趟「堤岸」區可以發現這裡的建築風格與街頭景色不同於一般越南街景，彷彿置身在另一個國度，街頭的中文招牌林立，烤鴉、涼茶、中式餐廳到處可見，耳邊聽到的交談閒聊聲是廣東話，街上充滿中式的建築樓房、寺廟、藥鋪等。其中最值得走訪的是位在第五郡陳興道街旁的「豪仕坊（Hao si

Phuong）。豪仕坊可以說是「堤岸」眾多華人區至今保存最完整的一座中式大雜院的百年建築。在這百年古巷中有多少說不盡的歷史故事，多少文化又藉由這座建築一代又一代地保留至今。

● ● ● info

🏛 Số 206, Đường Trần Đạo, Phường 1, Quận 5, Thành Phố Hồ Chí Minh（Hẻm Hào Sỹ Phường 豪士坊巷）

👍 ★★★★☆

Part 2 文青必訪

藝文手創 X 流行時尚

想要燃燒你的文青魂，
來這些地方就對了！
琳瑯滿目的手作商品讓人愛不釋手，
高樓遠眺市區美景盡收眼底。

安東廣場 An Đông Plaza
胡志明市的東大門

位在安東市場旁不到2分鐘的腳程還有一個安東廣場。這裡上下共有3層，1樓是黃金、珠寶及百貨買賣、包包及手工藝品等；2樓是百貨服飾批發，有點像是首爾的東大門，不過這裡有的店家是不接受零售買賣的。有的店家雖然願意接受個人單件買賣，但也是照著零售價賣，所以價格並沒有特別便宜，除非你很會殺價，不然建議來走走看看就好。

● ● ● info

🏛 18 An Dương Vương, phường 9, Hồ Chí Minh
🕗 08：00 ～ 20：00
👍 ★★★☆☆

濱城市場 Chợ Bến Thành
胡志明市最大的市場

位在第一郡市中心的濱城市場建於西元1914年，因為地理位置的優越方便性使得這裡成為外國觀光客的必訪景點之一。又或許是因為這裡離背包客的聚集地——范五老街不遠，所以更是許多西方遊客必來的尋寶之地。濱城市場是胡志明最大的市場，這裡和安東市場的不同之處在於，濱城市場是一個單層的平面市場，市場內有可通往東西南北4個方向的大出入口，可以說是「條條道路通濱城」。

無論是具有越南特色的個性T恤、手工藝品、飾品、竹編包包、咖啡、南北雜貨、甚至是奧黛（越式旗袍）等等，凡是你想得到和越南有關的商品這裡都有。不過若是和安東市場比起來，這裡的漆畫、手工藝品及越南當地的特色商品比較多，但是相對的販售價格也比較高。

不用擔心看不懂越文或無法溝通，濱城市場裡的攤販幾乎是各國語言都能說上幾句，建議若看上想要購買的東西，除了貨比三家不吃虧之外，殺價完後，更要和店家確定好購買的價格及數量再打開錢包付錢，在濱城市場裡可是考驗著你的殺價能力喔！晚上的濱城市場也是個不夜城，傍晚之後雖然市場內已經打烊關門了，但市場周圍的攤販才開始聚集熱鬧起來。

● ● ● ● info

🏛 Chợ, Lê Lợi, Phường Bến Thành, Quận 1, Hồ Chí Minh
🕐 07：00 ～ 18：00
👍 ★★★★★

濱城市場內滿滿的人潮。

安東市場 An Đông Market
體驗當地人的批發採買

第5郡的安東市場是很多到胡志明旅遊或是經商要返鄉送禮的朋友會來採買的景點之一。這裡和第1郡的濱城市場相比，除了價格上實惠許多之外，因為第五郡大多是華人居住群聚之地，來這裡除了看得到寫著中文的招牌外，大部分的商家也都會說中文，所以若來這裡採買，語言溝通上不是問題，相對也較可以令人放心。

安東市場的1樓大多像是台北迪化街一樣，主要是提供南北雜貨的買賣，像是各式零嘴、腰果、蝦米、胡椒等，店家也幾乎都會提供試吃服務。台灣人來這大都主要是購買腰果和咖啡（越南的名產）。若是想買咖啡，這裡不論是咖啡粉或是咖啡豆，阿拉比卡（Arabica）豆還是麝香貓咖啡豆，手沖還是即溶，3合1還是2合1，各家品牌一應俱全。另一區還有些熟食的攤販，販賣越南當地的小吃；2樓以上是當地人會來採買的日常用品、百貨服飾及紀念品等。若有閒暇時間，可到此走一趟，體驗當地人的批發採買。

● ● ● info

🏛 34, An Dương Vương,
　 Phường 9, Quận 5,
　 phường 9, Quận 5,
　 Hồ Chí Minh
🕐 07：00 ～ 18：00
👍 ★★★☆☆

Hello weekend Market
必來的文青市集

Hello weekend Market是在胡志明市每個月固定星期六、日,但不定期舉辦的週末市集,地點也不太固定。但真的很推薦這裡,這個市集裡很多手作品,包包、衣服、項鍊、就連你想做指甲彩繪、Tatto繪圖、甚至畫個人Q版的小畫這都有,逛餓了還有當地美食可以吃吃喝喝。

前來參加市集的人潮主要以當地年輕人居多,生活服飾區、小吃區,現場有時還有歌手演唱,完全符合越南人天性樂觀、喜歡熱鬧的氣氛。各種道地小吃便宜及具多樣性,南洋青木瓜小吃、烤肉串、越南零嘴、小吃這都有。還有街頭插畫家,畫出屬於你獨特的風格。

市集內的文創小物及美食。

● ● ● info

🏠 請利用 IG 或臉書搜尋「Hello weekend Market」
◎ 請利用 IG 或臉書搜尋「Hello weekend Market」
😊 ★★★☆☆

Box Market

最夯的手作市集

和Hello weekend Market一樣，Box Market也是不固定地點、不定期六日舉行，有時候甚至2場市集還會撞期在相同的日子，讓人傷腦筋該去哪一個市集好呢？

Box Market與Hello weekend Market還是有些許差異，Box Market的市集相對較小，但也相對比較多手作工藝具有獨特風格的商品，除了少數幾個自創品牌的服飾外，像是布製或是手工皮製包包、項鍊、髮飾等，指甲彩繪、編髮、印度的Henna Tatto繪圖、甚至畫個人Q版的小畫等，一些比較特別的東西這都有，擺攤方式也較有特色，當然也少不了當地平民小吃美食可以飽餐一頓。

Box Market可說是麻雀雖小但可是五臟具全呦！

● ● ● info

🏛 請利用 IG 或臉書搜尋「Box Market」
🕐 請利用 IG 或臉書搜尋「HBox Market」
👍 ★★★☆☆

Box Market 聚集各種不同類型的攤販。

西貢廣場 Saigon Square
觀光客必來的殺價聖地

　　西貢廣場幾乎是到胡志明旅遊的觀光客，都會安排時間來走走看看的地方，除了西方觀光客外，在這裡更常看到成群的韓國人來此尋寶購物。想要享受殺價的樂趣，來這裡就對了！鞋子、衣服、包包及各種配件等應有盡有，各大運動品牌用品凡是你想得到的這裡都有，至於真偽得靠你睜大眼睛辨別囉！

看上眼想帶回家的物品請記得貨比三家，多多殺價不吃虧喔！

● ● ● info

🏛 81 Nam Kỳ Khởi Nghĩa, Bến Nghé, Quận 1, Hồ Chí Minh
🕐 10：00 ～ 19：00
👍 ★★★★★

The World Of Heineken

東協市場第 1 間海尼根博物館

海尼根世界（Heineken，荷蘭語，台灣稱為海尼根，不過另一譯為喜力），胡志明金融塔總樓層為68樓，海尼根世界位在58、59、60樓，要上到60樓前可先在49樓（觀景樓層）欣賞360度的胡志明全景，稍後可換乘電梯上達60樓。

東協市場中胡志明市是第1個成立海尼根博物館，主要是看在越南九千多萬的人口與海尼根在越南的市占率。一上到60樓就開始介紹海尼根的歷史與釀造過程，互動式的講解過程中還可以穿戴VR眼鏡，身歷其境地體驗與教導標準倒啤酒的方式，最後到58樓時還可以暢飲2杯啤酒與帶走海尼根世界為你所準備的特別紀念品1份。

info

🏛 Bitexco Financial Tower, 2 Hải Triều, Bến Nghé, Hồ Chí Minh,
🕐 15：00～23：00
💲 到49樓觀景樓的門票為20萬越盾，若再付5萬越盾，即可上到60樓參觀海尼根世界。
🙂 ★★★★★

The New Play Ground
潮牌集散地

位在大型購物商場Vincom Center對面的The New Play Ground是這一兩年胡志明年輕人購買潮牌的聚集之地，這裡很多當地自創的品牌，聚集不同風格的時尚感，不論是流行服飾、包包、手機用品或者是飾品、鞋類等。The New Play Ground有4個獨立分區，每區各有不同風格的主題。其中，Aestheticism偏向有設計感的風格；Minimalism偏向崇尚簡潔化；Bohemianism有著遊牧民族的時裝概念。超過40個小店家集聚於此，就等你來挖寶。

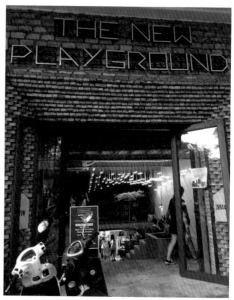

販售各種潮流商品。

● ● ● info

🏛 26 Lý Tự Trọng, Bến Nghé, Quận 1, Hồ Chí Minh

🕐 10：00～22：00

Apartment 42 Ton That Thiep

百年時尚公寓

Apartment 42 Ton That Thiep 越文名稱是：Chung Cư 42 Tôn Thất Thiệp，位於胡志明市第1區市中心，高島屋百貨公司附近，擁有一百多年的歷史，因為擁有許多咖啡館和時尚服飾店，所以被稱為百年時尚公寓。

販售自製服飾或品牌時裝。

有著百年歷史的舊公寓，這裡早期是西貢人的住宅區，因位在商業區內，夾在高島屋與阮惠大道之間，近幾年逐漸轉變成住商混合的公寓，走在公寓裡，其實也可以一探西貢人的日常習性。1樓作為咖啡館，2、3樓2層集結了二十多家各類商店，其中大部分是年輕人的時裝店，有的甚至是自製服飾品牌，不僅吸引了當地年輕族群，也吸引好奇的外國遊客到此尋寶。

● ● ● info

🏛 42 Tôn Thất Thiệp, Bến Nghé, Quận 1, Hồ Chí Minh
🕐 11：00～21：00

CHAPTER

03

特色咖啡館

蒐羅各種不同風格的咖啡館
越式復古X歐美時尚X日式簡約

淺談越南咖啡二三事

越南——以咖啡文化聞名的國家，如果你是咖啡愛好者，在這裡尋找咖啡館如同是一種探險。這裡的咖啡館遍布胡志明市的大街小巷且風格多元，無論是在高樓大廈中、公寓矮樓，還是路邊擺攤販，任何一條街上一定能聞得到咖啡香。

越南的咖啡文化底蘊是非常深厚的，這個文化可以回溯到19世紀法國殖民統治時期，沿襲並影響至今。在西貢，咖啡館的風格各有千秋、形式不拘，有的咖啡館有著浪漫的露天座位，有的咖啡館則是清新溫暖，有的只是擺張低矮的塑膠椅，坐於路邊看著百態人生及來往的人潮，便能享受咖啡時光。

喝咖啡是西貢人最常進行的生活社交活動，或者已經成為生活中不可缺少的一部分了。即使一個人或者是一群人一整天泡在咖啡館，也都習以為常了。喝咖啡不只是「喝咖啡」而已，喝著一杯香濃的咖啡，有時候品嘗細究的是生活中的酸甘與苦澀。往往從清晨7點開始，直到晚上的任何時間，路邊隨處都可看見西貢人端著咖啡坐在低矮的塑膠椅子上，或是發呆、或是看著來往的路人、或是閒聊家常，儘管路上車輛繁多，髒亂的街頭，有著飛揚的塵土。

越南咖啡原來如此

說到咖啡，我們都知道巴西是咖啡的生產大國，產量位居全世界第1，巴西所產的是阿拉比卡（Arabica）咖啡豆，也就是我們平常喝的咖啡，這種咖啡豆煮出來的咖啡喝起來較為柔順，咖啡因較低，同時綠原酸（Chlorogenic acid）含量也較低一些，綠原酸具有抗氧化的功效，也是影響咖啡中果酸味道的主要成分。

近年與巴西互爭產量第1名龍頭寶座的咖啡出產國則是越南，越南除了種植阿拉比卡咖啡豆外，因氣候屬於熱帶季風氣候國家，更適合羅布斯塔（Robusta）咖啡豆的種植，除了氣候適宜的關係外，也因為19世紀中的越南曾經出現葉鏽病使得當地大部分的阿拉比卡咖啡樹被侵蝕消失。不過近年來在中部高原的「大叻」（越南的避暑勝地）也開始大量種植阿拉比卡咖啡豆。

說到羅布斯塔，這種咖啡豆的咖啡因含量是阿拉比卡咖啡豆的2倍，也因為咖啡因含量的萃取比例較阿拉比卡高，所以它被用來製作即溶咖啡、3合1咖啡或罐裝咖啡等。此外，羅布斯塔咖啡豆的綠原酸含量也相對較高，而咖啡因本身是微苦的，故而烹煮出來的咖啡自然就比較酸、較苦澀，因此越南人會加入煉乳去調和這種酸性和苦味。

一定要有煉乳的咖啡Style

加了煉乳的咖啡，就是傳統越南咖啡獨樹一格的喝法，這種滴漏式咖啡到現在更成了越南獨有的咖啡特色。現在在越南的每間咖啡店都點得到越南咖啡

（Vietnamese coffee），甚至是街頭攤販也都有供應。但不建議買路邊的咖啡來喝，因為街頭小販雖然賣得便宜，但有的是用豆粉加上化學成分去魚目混珠，試圖調成像咖啡，並非真正的咖啡，所以還是別貪小便宜。賣如：Highland、Trung Nguyen、Phuc Long等連鎖品牌或是咖啡店裡的咖啡會喝得比較安心。

至於為什麼這種滴漏式的咖啡都這麼小杯呢？因為這種用羅布斯塔咖啡豆慢慢滴煮出來的方式會使咖啡味道更濃厚一些，不過同時也會使得咖啡的苦味品嚐起來更加明顯。

胡志明長年氣候如夏，所以來這更要品嚐最具風味的越南冰咖啡。至於，為什麼是加煉乳呢？因為當時物資缺乏且牛奶的保存不易，所以越南人用煉乳來替代牛奶。當地人會先在杯中倒入煉乳，然後將熱水注入已放置於滴漏壺中的咖啡粉，慢慢等咖啡濾完，再加入冰塊攪拌，這樣便完成了一杯香濃純正的冰咖啡。雖然等待冰咖啡的時間稍久，約需5～10分鐘，不過越南人早對此習以為常，對於越南人來說，一杯冰滴咖啡就能消磨掉一個下午的美好時光。雖然加了煉乳，但因為每個人對甜度接受度的不同，對於旅人來說也不見得能喝得多。不過咖啡加上煉乳的這種喝法卻也成為越南咖啡獨有的特色了！

製作越南咖啡的濾杯材質也有所不同，有的是鋁製或是不銹鋼製的，還有的是陶瓷製的。製作越南咖啡的步驟首先是先將磨細的咖啡粉放入濾杯後壓緊，再慢慢注入熱水，這種類似手沖濃縮咖啡的概念，讓咖啡慢慢滴漏進已事先放入煉乳的

玻璃杯中，一杯香濃醇正的越南咖啡就完成了。

用越南話點杯咖啡

喝一口濃醇的越南咖啡，細心品嚐咖啡中酸苦的微妙變化，漫步在充滿咖啡香的城市，胡志明市的咖啡館千姿百態，就算是流連忘返也不會厭倦。就讓這本書帶你開始暢遊胡志明市及各有特色的咖啡館及茶館吧，包準讓你回味無窮！

到越南不知道如何點咖啡嗎？沒關係！本書附錄貼心地為大家準備了越文小教室（P.162），照著表格大聲唸出來，絕對可以讓你行遍越南咖啡館。

咖啡小辭典

Barista 原來是義大利語，約莫從 1990 年開始，英文則採用 Barista 這個詞來指稱義式濃縮咖啡或是相關飲品的製作專家，中文可稱作「咖啡師」或「咖啡調理師」。

Part 1 在地／風格

體驗在地風情與獨特風格咖啡館

和當地人一起坐小椅凳；
和觀光客一起關在鳥籠裡、
在零下 10 度的貨櫃裡，
喝咖啡，可以有很多種方式。

Trung Nguyen Café Legend（中原咖啡）

踩著白沙喝咖啡

說到越南咖啡，那就不得不先介紹越南咖啡的第一品牌：中原咖啡，G7即溶咖啡也是它旗下的品牌。在胡志明市的任何一個觀光景點，你都可以看得到「中原咖啡」大大的招牌。不過若要細究哪一間中原咖啡較有特色，那絕對是紅教堂後方的那一間。

位在紅教堂附近Diamond Plaza後方的巷子裡，地點確實隱密了些，但每逢假日這間咖啡館便門庭若市。不同於一般我們對咖啡館的印象，這間咖啡館之所以這麼吸引人的原因，是他們把白沙搬進了咖啡廳內，踩在細密的白沙上喝著咖啡，打造出讓人優閒放鬆的環境。越南人喜歡在假日約出來喝咖啡聊天，在這也可以看到不少爸媽帶著小朋友來玩沙。

在這裡你可以選擇不同氛圍的環境喝咖啡，或是坐在室內腳踩著細細白

沙，如同身臨海灘，腳踩在冰冰涼涼的沙子上反而解了胡志明市這裡酷夏的熱氣；或是坐在戶外吹著徐徐微風，欣賞著小橋流水，享受南洋風情。

● ● ● info

🏛 7 Nguyễn Văn Chiêm, Bến Nghé, Quận 1, Hồ Chí Minh
📞 091-528-99-01
🕐 06：30 ～ 22：00

HIGILANDS COFFEE
越南版在地的星巴克

　　HIGILANDS COFFEE（高原咖啡）是胡志明市的另一個連鎖咖啡店品牌，在胡志明市的各大景點、百貨商店或是美術館都可以看見HIGILANDS COFFEE。是一位美裔越僑回來投資創立的，店面裝潢時尚亮眼具現代感，紅色顯眼的招牌底色讓人一眼就注意到。2002年時第

1間高原咖啡館在胡志明市紅教堂的對面開幕，至今HIGILANDS COFFEE在越南已經超過40間分店了。店內除了販賣咖啡，也販售茶、甜點、三明治、咖啡豆或是即溶咖啡包等。

● ● ● info

🏛 65 Lê Lợi, Bến Nghé, Quận 1, Hồ Chí Minh（高島屋店）
📞 028-3915-1666
🕐 10：00 ～ 22：00

Miyama - Modern Tokyo Restaurant Cafe - Saigon Center
日式又摩登的咖啡館

　　來自於東京的Miyamacafe，將日式又摩登的咖啡館風格帶入胡志明市，給人耳目一新的感覺。這種日式的風格在胡志明的確不常見，更何況Miyamacafe日式得好道地。無論是從食物的擺盤或是環境的氛圍營造，安靜又舒適的環境與優質的服務，可以讓人暫時遠離這城市的喧囂，寧靜地待在自己的午茶時光裡。位於高島屋3樓的Miyamacafe不僅有正餐、咖啡、果汁飲品，最重要的是在這能吃到與日本同步的甜點與日式茶飲。每逢特定的節慶，Miyamacafe還會提供限定版的甜點喔！

● ● ● info

🏛 L3-01, Saigon Center, 65 Lê Lợi Bến Nghé, Hồ Chí Minh
📞 028-2253-1076
🕐 10：00 ～ 22：00

Phuc Long Coffee & Tea Express
來越南必喝的香濃奶茶

　　Phuc Long Coffee & Tea Express（福隆咖啡）第1家創始店就開在第1郡NEW WORLD HOTEL的對面。在胡志明市展店已經超過16間的福隆咖啡不只賣咖啡，水果茶、奶茶也絲毫不遜色。店內也提供糕點、茶葉及禮盒等。與當地連鎖咖啡店價格相比，一杯福隆咖啡4.9萬越南盾算是親民價了，店內所販售的咖啡豆也是熱銷產品。若與其他越南當地的咖啡連鎖店相比，福隆的CP值算高囉！來福隆除了可以品嘗咖啡外，建議還可以嘗試一下它的各種奶茶及水果茶系列。水果茶是用各種當季的熱帶水果製作而成的，不只好喝還吃得到大塊的水果在裡面！福隆拿鐵奶茶（Phuc Long Tea Latte）喝起來則是有著濃郁的茶香味，不試包準你會後悔呦！

● ● ● info

🏛 325 Lý Tự Trọng, Bến Thành, Quận 1, Hồ Chí Minh（創始店）
📞 028-3822-0166
🕐 7：30 ～ 22：30

ICE COFFEE
體驗零下 10 度喝咖啡的滋味

這間位在機場附近的ICE COFFEE是由貨櫃搭建而成的，雖然貨櫃屋低調的外觀不太容易引人注目，而且也不在觀光客的旅遊鬧區中，不過ICE COFFEE的生意還是挺不錯的，來這裡的人大多是熟門熟路的胡志明市當地人。若是想來體驗零下10度喝咖啡的旅人，建議搭乘Grab或自備交通工具。

零下10度的溫度，的確會讓身處熱帶氣候的西貢人躍躍欲試，想體驗一下寒帶氣候的溫度，但又苦於無專門禦寒的衣物嗎？店家非常貼心地在門口準備了厚重的棉襖外套讓你穿進去，讓客人不用費心特地帶厚外套來。

從室外20幾度突然進入到零下10度的環境裡，剛進去時真的不免令人打哆嗦，但是進來喝咖啡的人大多也都忙著拍照，所以可能也就不覺得冷了。咖啡廳裡的桌椅、裝飾全都是用冰塊雕砌而成的，店家怕客人覺得冷，還貼心地放了幾隻小熊好讓你抱著取暖。

● ● ● ● info

🏛 231 Cộng Hòa, Phường 13, Tân Bình, Hồ Chí Minh
📞 090-804-14-06
🕘 09：00 ～ 22：00

L'USINE（Lê Lợi 店）
歐美人士愛的潮店咖啡廳

L'usine法語意思為「工廠」，是很多旅遊網站推薦來胡志明市一定要來的喝的咖啡館。位在第1郡的L'usine目前有3家，一間位在Dong Khoi St.（胡志明歌劇院斜對面），一間在Lê Thánh Tông（又稱：日本街）路上，而 Lê Lợi店就位在高島屋的斜對面。

L'USINE（Lê Lợi店）1樓的外觀非常低調，常會讓人覺得只是一間服飾店而路過錯過。1樓複合式的空間，販賣一些越南設計師所設計的飾品或衣服及香氛用品等。進去後上樓梯2樓就是咖啡廳，雖然走的是工業風格的設計，不過因為燈光運用得恰當的關係，反而營造出溫馨感。這間店挺受歐美人士的喜愛，可能是因為地理位置方便，有時候西方臉孔比亞洲人還多。這裡除了咖啡、各式各樣的甜點外，也提供早午餐，另外店內的菜單也貼心地用英、越文同時標注。

推薦這間店的另一個原因是因為L'USINE令人念念不忘的蘋果派，蘋果派裡吃得到些許薑絲，而且味道還很協調不衝突，挺特別的吧！所以如果來胡志明的話，推薦你一定要來這喝杯咖啡。

● ● ● ● info

🏛 70B Lê Lợi, Phường Bến Thành, Ho Chi Minh
📞 028-3521-0703
🕐 07：30 ～ 22：30

L'USINE（Lê Thánh Tôn 店）
恬意享受早午餐的咖啡廳

深受外國觀光客喜愛的L'USINE於2017年在Lê Thánh Tôn上開了第3家店，整棟3層樓高的白色建築高雅脫俗，走進店內1樓復古風格的瓷磚和百葉窗更帶些懷舊的南洋風情，L'USINE（Lê Thánh Tôn店）的走向與其說是咖啡廳，倒不如說是餐廳還更符合一點。不論是來享受早午餐、下午茶還是晚餐，在這一應俱全，從三明治、沙拉、蛋糕、甜點到咖啡、茶飲、果汁、義大利麵等，晚上更是有啤酒及紅白酒的提供。

服務生每位都會說英文，整體的環境氛圍讓人輕鬆愉悅。複合式的經營風格讓你喝咖啡也不無聊，咖啡廳2樓則結合當地時尚設計師，販售越南獨特風格的衣服、飾品、香氛蠟燭、復古小物外，更有自有品牌的伴手禮，每到假日下午總是坐無虛席。

● ● ● ● info

🏛 19 Lê Thánh Tôn, P. Bến Nghé, Quận 1, TP.HCM.
📞 028-3822-7188
🕐 07：30 ～ 22：30

Loft Cafe
坐在鐘樓裡喝咖啡

　　隱身在一棟舊公寓裡的Loft Cafe，若你從同起街望去，可以發現公寓外牆上有個老舊的透明玻璃時鐘，磚牆的外觀建築配上看似鐘樓的建築物，不禁會吸引人好奇想一窺究竟，到底這鐘樓後藏了些什麼氛圍。

　　位在Vincom Cente旁的Loft Café，

1樓入口處是個開放式的藝術畫廊，進去後還得走上老舊的樓梯及長廊，公寓本身保留著舊式鐵籠電梯。走進了Loft Cafe後，若是可以，建議選擇坐在大時鐘後，彷彿置身在鐘樓的氛圍內，大時鐘前的位子可是熱門IG打卡景點，很搶手的呦！不只可以喝咖啡，來這用餐也可以，Pizza、義大利麵與越式簡餐這也都提供！

● ● ● info

🏛 26 Lý Tự Trọng, Bến Nghé, Quận 1, Hồ Chí Minh
📞 028-6682-5082
🕐 08：00 ～ 22：00

The Workshop Coffee
享受精品咖啡

　　位在阮惠大道附近的The Workshop Coffee成立於2014年，雖然經營短短數年，但卻以專業的好口碑成為旅遊網站推薦來胡志明必定要拜訪的咖啡館之一。順著復古回旋式的樓梯走上3樓，開門後類似舊倉庫工業式的風格及開放式的吧台映入眼簾，坐在窗台旁更可一眼俯瞰同起街繁華的街景。

　　平日這裡外國人就多，尤其是下班過後，常見到來這繼續加班工作或是與朋友相約的咖啡愛好者。若是在星期假日更是建議早一點來，畢竟西貢人假日最大的休閒活動就是喝咖啡聊是非！因為只有1層樓的空間，所以座位有限。The Workshop Coffee特別吸引人的地方，是在這裡你可以選擇1種自己喜愛的咖啡豆及1種咖啡烹煮器具，交由專業的咖啡師來幫你烹煮，1壺普通的咖啡8萬越盾（相當於台幣120元）。

　　The Workshop Coffee員工都受過3個

月以上專業的咖啡沖泡訓練，而且咖啡豆也是百分之百地使用自家嚴選、烘焙而成的越南本地咖啡豆。從咖啡豆的挑選、烘焙到沖泡烹煮一整個過程，都能感受到The Workshop Coffee的專業與用心，來這裡就好好地享受1杯為你用心而烹煮的咖啡吧！若不習慣喝黑咖啡的旅人，也可以來杯拿鐵，這裡的拿鐵挺香濃的。

● ● ● info

🏛 27 Ngô Đức Kế, Bến Nghé, Quận 1, Hồ
   Chí Minh
📞 028-3824-6801
🕗 08：00 ～ 21：00

97

1st. Garden - Cafe & Bistro
在叢林裡喝咖啡

與Loft Cafe 位在同一棟老舊公寓的 1st. Garden - Cafe，是走訪那麼多間咖啡館後，第一次發現原來室內空間的設計可以這麼有叢林感。

不同於大多數咖啡館的工業簡潔風格，從1st. Garden咖啡館的門口看望進去，彷彿要走進森林的羊腸小徑，讓人不自覺地想開門進去一探究竟，推開門走進小徑後才發現一旁是池塘流水，但驚喜不僅於此，再往裡邊走，樹上還掛著無數盞燈來裝飾點亮叢林內的夜晚，這間咖啡館的設計實在太用心了。室內的設計如此，室外的風景更是一點也不差，因為周圍都還是法屬殖民時期留下來，現在作為行政機關或是博物館使用的2、3層樓高建築物。晚上從這裡望出去的夜景，不只能看見胡志明市區建築景象繁華的美，還可以欣賞廣闊無邊的夜空。

來這不只可以品咖啡，若是你沒有很執意要喝咖啡的話，咖啡以外的飲品也很推薦你來嘗試，1st. Garden 的飲品每一樣端出來都會讓你驚喜連連，無論是果汁、茶類或是奶茶等，絕對不會讓你後悔。

● ● ● ● info

🏛 Tầng 3, Chung Cư 26 Lý Tự Trọng, P. Bến Nghé, Quận 1, TP. HCM
☎ 090-844-40-03
🕐 08：00 ～ 22：30

Cộng Cà Phê
當咖啡遇上椰奶冰沙，越共風格新鮮體驗

Cộng Cà Phê是2007年起源於北部河內的咖啡館，之後一路展店到胡志明市，現在光是在胡志明市就有7、8間店了。為什麼稱作Cộng 呢？Cộng（共）這個字的越文有越共的意思，所以中文也可以說成「越共咖啡」。招牌也特意模仿了越南政府共產體制下的宣傳海報，店裡的服務員更是清一色地穿起了墨綠色的共軍衣服來當作制服，配上內部獨特的設計，牆上紅色碎花的豔麗配上老舊的木頭桌椅，企圖營造復古風格的氛圍，也成了IG熱門的打卡景點。

Cộng Cà Phê店內獨特的咖啡喝法是將咖啡與椰子冰沙做結合混著喝。因為越南南部的湄公河三角洲一帶，如美托、檳知等盛產椰子。用椰奶來取代牛奶加上少許的碎冰打成椰奶冰沙，與香濃的越南黑咖啡相伴結合，這種獨特的喝法可是在這間咖啡館才喝得到，味道也的確挺清爽特別的，咖啡中喝得到濃郁的椰奶香。這種像奶昔的喝法，在這可是頗受歡迎的，這幾年Cộng Cà Phê可是深受年輕人喜愛，火紅著呢！

● ● ● info

🏛 8 Mạc Thị Bưởi, Bến Nghé, Quận 1, Hồ Chí Minh
📞 091-181-11-63
🕐 09：00 ～ 23：00

Ruman Bistro Đồng Khởi
咖啡館與小酒館的完美結合

位在第1郡河岸邊Majestic Hotel百年飯店旁的Ruman Bistro是在2017年才開幕營業的，在胡志明有市許多咖啡廳都會朝複合式的走向，Ruman Bistro 是Càfê RuNam連鎖咖啡店旗下所開的另一個品牌，不只提供咖啡，這裡也可以享用正餐，所以在Ruman Bistro早上就可以看到有人在吃河粉或三明治了。不過既然是Bistro，到了晚上時刻自然就會化身為小酒館。

餐廳對整體空間的氛圍營造及擺飾很用心講究，Ruman Bistro完全沒浪費它位在西貢河邊的好地點，把餐廳分為室內區和戶外區。室內低調奢華、不失簡潔風格，沉浸在墨綠色舒適的工業風格中，抬頭一看會發現每個座位上的燈具都各有特色；戶外則是開放式的南洋裝潢風格，空間座位設計寬敞，還能欣賞河邊景色，夜晚坐在戶外區，點上一杯雞尾酒，晚風徐徐吹來，氣氛挺讓人放鬆的。

● ● ● info

🏛 2-4-6 Đồng Khởi, P. Bến Nghé, Quận 1, TP. HCM
📞 028-3823-0262
🕐 07：00 ～ 22：00

She Cafe - Cafe for women
以女性為主題的咖啡館

　　She Cafe是一間以女性為主題的咖啡館，知名越式餐聽「Nha Hang Ngon」旁的巷子裡，和Secret Garden Restrant 位在同一條小巷內。咖啡館的巷子入口處的確會讓人懷疑自己是否走對路，但往裡頭走一點左手邊的樓梯口上面會掛一個橘色招牌「SHE」，就是1樓的入口處了。

　　位在2樓的She Cafe也是間從公寓改造而成的咖啡店，戶外陽台種了許多盆栽，清水模的牆壁上掛了許多女明星的黑白照，如：奧黛麗‧赫本、瑪麗蓮‧夢露等，特意呈現出新女性的意識形態。這裡的咖啡、飲料價格也不貴，夜晚的She Cafe燈光微暗，不妨約了閨蜜來這自在地窩在沙發上聊聊心事。

● ● ● info
🏛 158 Pasteur, Bến Nghé, Quận 1,Hồ Chí Minh
📞 090-294-83-79
🕒 08：00～23：00

Runam Cafe
華麗浪漫風情

Runam Café在越南是間頗負盛名的高檔連鎖咖啡館，不同於其他連鎖品牌的咖啡館，Runam Café將越南傳統的街頭咖啡文化帶入另一個華麗精品的層次。2013年Runam Café於胡志明市開業，精緻奢華的氣氛，給予了西貢人不同的感官方式來品嘗享受咖啡。走進位在阮惠大道旁的Runam Café，一眼望去金碧奢華，卻有自己獨特的浪漫與優雅，獨棟的格局，在2樓更設計了一個戶外的空中花園，夜晚點上燈火，這小花園更有自己特殊的小氣氛。

Runam不只咖啡好喝，店內更推出禮盒，從咖啡豆到咖啡杯，甚至是越南傳統的滴漏咖啡杯，都有精緻的禮盒，讓人好難不心動，而最顯眼的莫過於擺放於櫃台前，價值不斐的ELEKTRA咖啡機。Runam Café也有北越流行的蛋咖啡（Cà phê trứng）喔！

這獨特的蛋咖啡被比喻為越南版的Cappuccino，它的源起是由於1946年的越法戰爭使得當時北部河內的牛奶缺

乏，於是人們想出用蛋來取代牛奶。
一開始這種做法並不普遍，因為要將
雞蛋打出到發泡得花不少時間，而且
喝起來雞蛋味太重太腥，所以在當時
並不普遍。後來人們慢慢調整雞蛋與
咖啡的比例，這種喝法直到1980年後
才逐漸普及受歡迎。

　　一杯剛煮好的蛋咖啡，從上層來看
外觀綿密，品嘗後會發現咖啡味中帶有
微甜的雞蛋香，若說是一杯咖啡，倒不
如說像是一道綿密的甜點。至今蛋咖啡
在河內仍是比較盛行，若是有機會在胡
志明的咖啡館有發現到蛋咖啡，建議好
好品嘗一杯。

● ● ● info

🏛 96 Mạc Thị Bưởi, Bến Nghé, Quận 1, Hồ
　Chí Minh（阮惠大道旁）
📞 028-3825-8883
🕐 07：00 ～ 23：00

KOKOiS

獨棟 Villa，你是我遠道而來的咖啡館

第2郡Thao Dien 附近的餐廳或是咖啡館很多都是有著大庭院的獨立門市，或是由Villa改建而成的。KOKOiS也是如此，半開放的露天設計咖啡館，1樓作為咖啡館，2樓則販賣服飾。複合式餐廳的模式及週日豐富的早午餐，更是吸引不少外國人來這。店內播放節奏輕快的音樂，你可以攤在沙發區上，優閒氣氛即使待了一下午也不覺得久。星期一至星期五下午5點到晚上7點，不定期還會有雞尾酒BUY 1 GET 1 FREE的活動，下次來胡志明市旅遊時，來碰碰運氣吧！

● ● ● ● info

🏛 23 Trần Ngọc Diện, Thảo Điền, Quận 2, Hồ Chí Minh
📞 090-144-48-40
🕐 8：00 ～ 0：00

Slow & Chill Coffee
清新、舒適，放鬆的好地方

與咖啡公寓同側並在附近的Slow &
Chill Coffe，雖然也位在阮惠大道上，
但想找到Slow＆Chill Coffe的入口得仔
細張大眼睛了。Slow＆Chill Coffee 室
內整體以白色為主調，風格清新簡約，
卻也不失親切感，空間相當舒適。擅長
飲品創意裝飾的Slow＆Chill Coffee每每
端出來的飲品都會讓人驚喜連連、胃口
大開，這家咖啡店還有輕食鹹點及蛋糕
等。因為咖啡廳在2樓，也設計了一大
片觀景窗，從這望出去看得到阮惠大道
上往來的人潮及街景活動，是一個適合
約會、朋友聚會或看夜景的地方。

● ● ● info

🏛 90 (Lầu 2) Nguyễn Huệ, Quận 1, Bến
　Nghé, Hồ Chí Minh
📞 090-136-61-12
🕐 09：30 ～ 22：30

Shelter Coffee & Tea
酪梨配上咖啡的獨特喝法

越南這個咖啡產量大國，雖然有既定的咖啡喝法，但卻也樂於追求變化。無論是煉乳咖啡、蛋咖啡、或者是椰奶咖啡。在Lê Thánh Tô（日本街）上有一棟3層樓高，店面卻非常窄小的咖啡館，為什麼要介紹Shelter Coffee & Tea這家咖啡廳呢？

在Shelter Coffee & Tea 這間小小的咖啡館喝得到另外一種獨特的咖啡飲品，那就是酪梨咖啡（Sinh tố bơ café）。酪梨本身的油脂調合了咖啡的酸與澀，而且無論是香氣或是口感都相輔相成，這種香濃順口的喝法讓人久久無法忘懷。窄小陡峭的樓梯也令人印象深刻，上2樓後整體空間雖小，不過復古中有帶有著些許的現代感，非常搶眼。特別是午後來這曬曬太陽進行光合作用，享受1杯咖啡的美好時光，也是很不錯的呦！

● ● ● ● info

🏛 13 Lê Thánh Tôn, Bến Nghé, Quận 1, Hồ Chí Minh
📞 1900-272700
🕐 星期一～星期四：08：00～22：00
　 星期五～星期日：08：00～23：00

Part 2　簡約／時尚

簡約舒適與時尚典雅的不同選擇

在日式簡約的咖啡館，
享受優閒愜意的午後時光。
在歐美時尚的小茶館，
享受雅致美好的夜晚。

Cafe Terrace - Saigon Centre
坐在鳥籠裡喝咖啡

　　位在Saigon Center內（與高島屋百貨公司同棟）1樓的Cafe Terrace位置很好找，從餐廳入口望進去，根本就不會讓人覺得有什麼特別的地方，走進去後才會發現這間咖啡廳柳暗花明又一村的美。咖啡館內四面全都是整面盆栽牆，營造出的叢林感，讓人彷彿身處在世外桃源。

　　Terrace本就是露台或者是劇院裡樓台的意思，咖啡館內的裝潢也的確是如此。從一樓往上望上去，挑高3、4樓的空間設計中，故意在4面牆上規劃了幾個類似劇院的樓台或大鳥籠的獨立包廂空間圍繞著，中間空庭還懸掛了一個大紅色的禮盒作擺飾。假日的Cafe Terrace總是聚滿了人潮，這裡不只能品嘗咖啡，也能用餐或是與三五好友進行下午茶時光。咖啡館的氛圍或高貴氣派、或叢林感，總是讓人驚喜。這麼說或許你無法體會，那麼就找個時間來看看吧！這裡的Latte也值得你品嘗看看。

● ● ● ● info

🏛 Tầng Trệt, Tầng Trệt, Saigon Centre, 65 Lê Lợi, P. Bến Nghé, Quận 1, TP. HCM
📞 083-821-2369
🕐 08：00 ～ 23：00

Shin Coffee
專業的精品咖啡

　　號稱「The best coffee in town」的Shin Coffee在胡志明已經開了3家連鎖店，不過位置最方便的還是在第1郡阮惠大道附近這間。既然號稱是全西貢最好的咖啡，當然讓人不得不好奇來品嘗一下這裡的咖啡如何。Shin Coffee裡所販售的咖啡豆多是自家烘焙，且來自中部大叻，一推開大門踏進Shin Coffee就可以明顯地感覺出來，這裡對於咖啡的態度絕不馬虎。若你對咖啡豆及烹煮方式有所了解，也可以依據自己的喜愛請咖啡師推薦店內的咖啡豆，為你現場烹煮一杯。

　　雖然這家咖啡館不大，不過卻也時常座無虛席，室內有著吧台，帶點輕工業風的設計。Shin Coffee的咖啡師也是訓練有術，沖咖啡技術更是一級棒，愛喝咖啡的人可以來試試！

● ● ● **info**

🏛 13 Nguyễn Thiệp, Bến Nghé, Quận 1, Hồ Chí Minh
📞 098-902-43-62
🕐 07：30 ～ 23：00

Thinker&Dreamer
極簡主義咖啡館

咖啡公寓裡的Thinker&Dreamer在3樓和4樓都有店面，3樓咖啡館內的布置空間採用了極簡主義的白色為主調，牆壁、桌子、椅子也皆是白色，感覺很純淨，再配合著牆上所打的燈光，令人感覺溫暖、純粹而乾淨。咖啡館的裝飾僅靠一些綠色植物、魚缸和1個復古打字機來裝飾，正因為如此，這裡的空間所打造出來的氛圍少了幾分繁華，多了幾分寧靜樸質。Thinker&Dream雖然提供的咖啡飲品及蛋糕甜點不多，不過對於餐點的擺設卻是非常用心。若想尋求寧靜的咖啡時光，這裡是不錯的選擇。

● ● ● info

🏛 Lầu 4, 42 Nguyễn Huệ, Bến Nghé, Quận 1, Hồ Chí Minh（咖啡公寓）
📞 094-891-91-37
🕐 09：00 ～ 22：00

Boo Coffee
創意棉花糖飲品

在胡志明市已經開了2間店的Boo
Coffee，一間在第11郡，另間則是位
在咖啡公寓的9樓。咖啡公寓裡的Boo
Coffee小而溫馨，卻也不難感受到店家
裝潢的用心。9樓高度的視野從陽台望
出去不僅可以全覽阮惠大道的街景，還
可以遠眺西貢河在市區這段的美景，景
色真的很棒。說到 Boo Coffee要談到它
的咖啡倒不如說它的飲品挺有創意的，
這裡提供了頗受歡迎的奶茶，最重要的
是上面還鋪上一層巨大的棉花糖，視覺
上非常吸睛。另外一款奶茶燈泡也是頗
受當地年輕人的青睞！

此張圖片由店家提供。

● ● ● info

🏛 Lầu 9,42 Nguyễn Huệ, Bến Nghé, Quận
1, Hồ Chí Minh（咖啡公寓）
📞 097-875-56-65
🕐 08：00 ～ 22：00

Sài Gòn Ơi Cafe
邊喝咖啡邊欣賞胡志明市的夜景

Sài Gòn Ơi Cafe這間咖啡館的店名取得很越式，Ơi在越文中的用法通常是用來表示稱謂的語助詞或是親密詞。例如越文中的Trời ơi代表天啊，Mình ơi是親愛的，若你在餐廳需要女服務員的話則可叫Em ơi。所以Sài Gòn Ơi則代表在呼喊著「西貢呀」！

Sài Gòn Ơi Cafe位在咖啡公寓裡的5樓，從室內物品的擺置與布置感覺得到店家的用心，木製的家具中錯落懸吊的藤製吊燈，搭上整面牆的壁畫，空間上也大量地使用綠色植物去點綴，呈現出另一種越式風格。若適逢萬聖節前後來到這間咖啡廳，天花板上還會懸吊著幽靈娃娃試圖營造出古怪氣氛的藤編製品。這裡除了可以品嘗咖啡外，蛋糕、甜點、奶茶和氣泡式飲料，味道都還不錯，價格也很合理，戶外的陽臺上也可以讓人欣賞美麗的胡志明夜景。

● ● ● ● info

🏛 Tầng 5, Chung Cư 42 Nguyễn Huệ,Quận 1, TP. HCM
📞 093-853-15-17
🕐 09:00～22:00

The Coffee House Signature
為你精心烹煮的咖啡

The coffee House其實也是越南的咖啡連鎖店，目前在胡志明市也開店已經超過10家，咖啡館內寬敞舒適的空間更是讓它深受當地年輕人所喜愛。而位在3郡的The coffee House「Signature」或許可以說是The coffee House的升級版吧！

挑高獨棟透明2層樓高的玻璃屋，整體空間明亮而寬闊的設計，讓人眼睛為之一亮。往咖啡館裡一走，工業風格四方形的吧台中，可以看到咖啡師專注地在煮咖啡。入座後服務員還會馬上主動地送上Menu，服務很好。

The Coffee House Signature

的室內空間寬敞、通風，布局整齊且細膩。不僅如此，咖啡廳2樓整牆的書櫃擺上最近流行的書籍，這裡絕對是理想的閱讀空間。不過原名為The coffee House為何要多加1個字「Signature（簽名）」呢？因為在這裡，你所能享受到的不只是品嘗咖啡，更可以享受到每1位咖啡師為你所精心烹煮準備的咖啡。不同於其它咖啡館，The Coffee House Signature在每1杯送出去的咖啡旁都會附上1個小而獨特的簽名，獻給每1個獨一無二的你。

info

🏠 19B Phạm Ngọc Thạch, Phường 6, Quận 3, Hồ Chí Minh
📞 028-7303-9079
🕐 07：00 ～ 22：30

The Vintage Emporium Cafe
Pinky Latte 打破你對拿鐵的認知

　　The Vintage Emporium Cafe雖然是位在第1郡，不過並非在觀光地區，儘管如此還是吸引了不少歐美遊客至此，享受一頓餐或是一杯咖啡的美好時光。這間咖啡館打破了人們對傳統拿鐵的認知，並且發揮了獨特的創意。店家的招牌飲品也是全胡志明目前獨一無二的「Pinky Latte」，擄獲不少有著少女心的旅人。Pinky Latte這杯討喜醒目的粉紅色拿鐵，是由新鮮蘿蔔汁和些許溫暖的薑汁所組合的，除此之外，對於其它的飲品或是餐點，咖啡館也是發揮了巧思與用心，呈現出擺盤的美感，正所謂色香味俱全。

　　咖啡館內地板鋪上古董瓷磚，擺置了舊電話、古董裝飾品和舒適的家具，館內的每個角落融合民俗感與現代感，所以既是復古，也是現代，很適合那些想在西貢尋找不同風情的旅客。到胡志明市旅遊時，若有時間不妨來這享用早午餐或簡餐，品嘗一下不同於以往的Latte，感受一下美食上桌的喜悅。

● ● ● ● info

🏛 95 Nguyễn Văn Thủ, Đa Kao, Quận 1, Hồ Chí Minh
📞 090-441-31-48
🕐 07：00 ～ 21：00

Chanchamayo Coffee
喝咖啡盪秋韆

藏在3郡巷子裡的Chanchamayo Coffee，可能連熟門熟路的當地人也不知道有這間咖啡館。簡單的白色外觀，搭配上鬱乎蒼蒼、郁郁青青的綠樹、盆栽、圍牆樹木與木質桌椅，自成一格的戶外露天氛圍，寬敞舒適。特別的是戶外空間還懸掛著鞦韆，有著畫龍點睛的效果，更使得整體設計上顯得格外悠哉、放鬆。

室內空間也是以白色為主調，同樣是搭配上木質桌椅，清新的風格中卻靠著燈飾帶出一些些華麗的風格，處處都是適合拍照IG打卡的好背景，每張桌子上更是都用心地擺上一小盆漂亮的鮮花。當然除了有好咖啡外，對於甜點愛好者來說，這裡的蛋糕甜點更是為這間咖啡館加分許多。晚上的Chanchamayo Coffee點上燈火時更顯明亮。建議提早入場，尤其是週末。

● ● ● info

🏛 6A Ngô Thời Nhiệm, Phường 7, Quận 3, Hồ Chí Minh
📞 0888-533-138
🕐 07：00～22：30

Saigon Coffee Roastery
專業咖啡師的加持

　　Saigon Coffee Roastery是由越南有名的專業咖啡師Pháp Võ所成立的個人咖啡館。Roastery是指咖啡的烘焙製程，或者是「咖啡烘焙工坊」。喜歡喝咖啡的人可以在這裡選擇不同的咖啡豆及不同沖泡方式，並目睹咖啡製作的完整流程。

　　這間Saigon Coffee Roastery藏身在同起街上，胡志明市歌劇院附近，這裡的員工都很友善，而且對於咖啡方面的知識可說是淵博。走進了Saigon Coffee Roastery拿起菜單時，這裡的員工會主動跟你聊天，並根據你所選擇的咖啡品種及你日常飲用咖啡的習慣給你專業的建議。如果你懂咖啡，更是會樂意與你分享及交流。想在胡志明市享受1杯香濃的好咖啡和一個安靜的下午，這裡絕對是適合你的地方。另外，Saigon Coffee Roastery可是不接受任何信用卡的呦！

● ● ● ● info

🏛 151 Đồng Khởi, Bến Nghé, Quận 1, Hồ Chí Minh
📞 093-880-83-85
🕐 08：00 ～ 18：00

Kamakura
提供日式甜點的咖啡館

Kamakura這咖啡館的店名一看就知道是日式咖啡屋，這裡的Kamakura是指「冰穴屋」或是「雪穴屋」。每年冬季1月～2月在日本秋田縣都會舉辦1個傳統活動，人們相聚在溫暖的雪屋裡，一起飲酒、享用熱食，祈求平安豐收。店家便以此為概念，希望能提供所有到來的訪客一個溫暖安靜的場所。既然是來自於日本，那麼日式甜點必然是最吸引人遠道而來的。雖然Kamakura是咖啡館，但在Kamakura的菜單上，其他飲品的用心也絲毫不遜色喔！

● ● ● info

🏛 21 Phan Kế Bính, P. Đa Kao,Quận 1,TP. HCM
📞 028-6682-8997
🕐 08：00 ～ 22：00
　星期一公休

117

Cà Phê Vợt

體驗越南人坐小椅凳喝道地咖啡的好去處

這間座落在巷子內，沒有大招牌的 Cà Phê Vợt從開業到現在已經走過一甲子歲月，絕對是在地人喝的咖啡。雖然不敵連鎖咖啡店的新穎、舒適，但60年來店家用這濾布式的方式來烹煮美味咖啡的作法卻是堅持不變，這種烹煮方式在現在已經相當罕見了。儘管光顧的都是在地西貢人，但人潮還是絡繹不絕！

在附近找個小塑膠椅凳，喝著傳統的越南咖啡，看著周圍熙熙攘攘、來來往往的人潮；或是三五好友圍成一小圈聊天、閒話家常。這就是老西貢人的形象，也絕對是傳統西貢人的日常生活寫照。所謂歷久彌新，經得起時間的考驗，或許正是這個意思吧！這種傳統

的風格在西貢曾經如此受歡迎，直到現在，不僅是西貢人就連旅人也都在尋找它的足跡，想體驗西貢最令人驚豔的咖啡。在胡志明喝咖啡已經不只是喝咖啡這麼簡單的事了，有時候喝的更是一種對歷史的緬懷。

● ● ● ● info

🏠 330 /2Phan Đình Phùng, Phường 1, Phú Nhuận, Hồ Chí Minh
📞 098-976-71-26
🕐 24 小時營業

Macritchie Coffee & Music
音樂與咖啡的結合

　　雖然Macritchie Coffee & Music位在3郡，這個當地人生活往來，熙熙攘攘的市中心內，但卻隱藏在小巷子裡。以白色與藍色來作為外觀的主色調，復古又具有地中海式設計的藍色大門，已然成為IG的熱門打卡景點。咖啡館內放置著一台鋼琴，木質家具與綠色植物交錯相置，牆上的壁畫更是增添幾分美感。店內不時播放著音樂，小小的空間雖然位置不多卻是有著大大的音樂能量分享，每逢星期六晚上這裡都會聚集著喜愛音樂的人們，點一杯咖啡，三五好友圍成一圈，宛如一個小型的Party，浪漫溫馨，人生中的片刻優閒莫過於此。這個地方值得你來參與並感受當地人的音樂文化！

● ● ● ● info

🏛 306/5 Nguyen Thi Minh Khai, District 3.
📞 077-677-7898
🕐 10：00 ～ 22：30

Cheo Leo Cafe
西貢最古老的咖啡廳

位在3郡胡同裡的Cheo Leo Cafe是西貢最古老的咖啡廳。 Cheo Leo成立於1938年，從法國殖民時期到第2次世界大戰（1939～1945年），經歷全球冷戰（越南為共產國家）、美越戰爭及越南境內的南北越統一戰爭，細數它的歷史也陪著這個城市走過80年的風雨歲月。

Cheo Leo Cafe從早上5點15分就開始營業，直到晚上6點45分，雖然創始人Vinh Ngo先生早已不在，但這裡至今仍是西貢人聚集、喜愛的地方，不論男女老幼。Cheo Leo Cafe之所以能經得起考驗是因為堅持著一貫精心、耗時的烹煮過程而聞名。

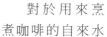

對於用來烹煮咖啡的自來水會先靜置3天，這種作法是為了去掉水中的消毒水氣味。其次是專門只使用木炭來燒開水的舊爐灶，對於烤爐溫度的掌控也是一門學問，將烤爐維持在適當的溫度是很重要的，若是爐灶的溫度太高，則會破壞陶壺內咖啡風味，若溫度太低，則引不出咖啡的香氣與口韻。

此外，堅持用著陶土壺和布來過濾沖泡咖啡，如同華人熬煮中藥費時的方式也是數十年來如一日。這麼講究的1杯咖啡，儘管烹煮費時，又常常座無虛席，這裡咖啡的價格卻是非常地親民，歡迎來西貢品嘗1杯充滿樸質香氣又帶著歷史的咖啡。

● ● ● ● info

🏛 109-36 Nguyễn Thiện Thuật, Phường 2, Quận 3, Hồ Chí Minh
📞 0369-626-363
🕐 05：15 ～ 18：45

Oromia Coffee & Loung
在地人口碑推薦

　　位在3郡小胡同裡的咖啡館Oromia Coffee，雖然不是一般觀光客會光臨的咖啡館，但卻受到當地人的喜愛與推薦，在臉書上已擁有超過10萬個粉絲的Oromia Coffee，也確實值得擁有這般人氣。走進咖啡廳，映入眼簾的是一個美麗的魚池，獨特與浪漫的戶外空間，這裡儼然已成為西貢年輕人IG打卡的熱門景點。咖啡館內的整體設計混合了木頭和玻璃屋的概念組合而成。到了晚上點上燈火，室內的溫馨氣氛與戶外的浪漫情懷相互呼應。

　　不只提供咖啡，Oromia Coffee也提供正餐餐點或是小點心，每逢假日時光這裡更是西貢人早午餐的熱門地點之一。不過還是建議，來Oromia Coffee之前，先研究好地理位置喔！

● ● ● **info**

🏛 193A/D3 Nam Kỳ Khởi Nghĩa, Phường 7, Quận 3
📞 090-886-11-36
🕐 07：00 ～ 23：00

Bosgaurus Coffee
世界咖啡師錦標大賽咖啡師駐店

　　能邊喝著專業級的咖啡邊俯瞰欣賞著西貢河，唯有在Bosgaurus Coffee才有這般絕佳的地理位置。整棟全白建築，位在第2郡的別墅區內，Bosgaurus擁有寬敞的室內和室外座位，更以大量的玻璃牆設計營造空間開放感，無論是在咖啡館內的哪一個視角都能欣賞美麗的河流景色。Bosgaurus Coffee除了空間景色令人無可挑剔外，這裡的咖啡師傅Tr'ânHân更是第1位拿到越南全國咖啡師冠軍，並且是越南第1位參加世界咖啡師錦標大賽的專業級咖啡師。若真是要認真地品嘗細究1杯好咖啡，怎麼可以不到Bosgaurus Coffee來呢？

● ● ● ●info

🏛 92 Nguyễn Hữu Cảnh,Villa 1D5, Sai Gon Pearl,
　Ward 22, Binh Thanh District.
📞 090-142-68-77
🕐 07:30～21:00

AMA COFFEE
台灣人所創業開立的精品咖啡館

　　店內設計摩登時尚、簡單明亮，這是走進AMA COFFEE給人的第一印象。AMA COFFEE是由台灣年輕人在胡志明所創業開立的，這裡的咖啡豆都是由老闆親自挑選及烘焙。對於來到此店的台灣朋友，咖啡店老闆更是樂於跟你分享咖啡的相關知識及在胡志明市的生活經驗，開業至今頗受好評，不只深受台灣人推薦，連當地人也非常喜愛。除了咖啡之外，這裡的文創商品也是頗有趣味的。AMA COFFEE在胡志明市已經開了2家，一間在7郡的富美興，另一間就在濱城市場旁的鞋街巷子裡，若是逛累了，這裡肯定是你休息品嘗1杯咖啡的絕佳好去處。

● ● ● info

🏛 29, Lưu Văn Lang, Phường Bến Thành, Quận 1, Hồ Chí Minh
📞 028-6286-2827
🕐 08：30 ～ 22：00

Villa Royale Downtown Antiques & Tea Room
時尚又復古的茶館

　　Villa Royale絕對是到目前為止胡志明市中最時尚最復古的茶館，從1樓通往2樓的樓梯口就能感受到奢華氣派的布置。Villa Royale這裡絕佳的氛圍與布置真的是會令人驚嘆！茶館內漂亮的裝置擺飾以及陳列出很多老闆從各地收集添購的古董收藏，西方花色的壁紙掛上東方文物，協調搶眼卻不讓人眼花撩亂。營造出獨特卻又不衝突的美，混搭的工夫及品味勘稱一流。

　　茶館的老闆是位女性且來自澳洲，對於每位造訪的客人都會上前愉快地和你聊天，關心餐點是否合乎口味，當然這裡除了本地人外，外國觀光客更是絡繹不絕。熱情的員工和超水準的甜點更是讓人覺得物超所值。讓人賞心悅目的絕不僅是空間布置，就連茶具和餐具也是講究不馬虎，並搭配著超過30種頂級的TWG茶。Villa Royale絕對是你來到胡志明市一定要去的茶館。甜味和鹹味的蛋糕甜點也是茶館內自行製作的喔！

● ● ● info

🏛 Level 1, 25 Hồ Tùng Mậu, Nguyễn Thái Bình, Quận 1
📞 028-3821-0088
🕐 09：30 ～ 21：00

Partea - English Tearoom
童話世界般的英式茶館

從窗戶外經過就不免被透明玻璃窗內如同童話世界般的場景給吸引住了，屋內的壁爐、搖椅、吊燈、胡桃鉗及溫馨的英式鄉村小碎花的裝潢風格，和掛滿了整牆醒目的英式茶杯，跳脫越南風格，令人耳目一新。脫掉鞋子進入Partea English Tearoom後，屋內令人感覺很舒服自在。店內沒有菜單，想喝什麼茶種可以從茶葉櫃裡十幾種類型的茶種中挑選。例如玫瑰蜜桃茶、伯爵茶和茉莉花茶等，選擇自己想品嘗的茶種。

這間茶館最特別的是你可以從滿牆琳瑯滿目的英式茶杯中選擇你喝茶要使用的杯子，當然各個杯子都美得各有特色，要從中挑選一個，實在是太難抉擇了！

在Partea - English Tearoom這種英式茶館中，蛋糕、烤布蕾、司康、布朗尼也一定是不能少的。在胡志明市這個充滿咖啡香的城市中，Partea - English Tearoom獨樹一格的西方茶葉香，為這座城市增添了幾許迷人的香氣。假日的午後，這裡更是座無虛席！

● ● ● info

🏛 Lầu 4, 42 Nguyễn Huệ, Bến Nghé, Quận 1, Hồ Chí Minh（咖啡公寓）
📞 090-763-34-57
🕐 平日：9：00～22：30
　　假日：8：00～22：00

CHAPTER

04

吃貨攻略

街頭小吃╳特選推薦餐廳
體驗胡志明當地生活，就從飲食文化開始

Part 1

15 道不可錯過的街頭小吃

米食 X 甜湯 X 咖啡 X 芒果青

小吃是文化的載體，
品嘗街頭小吃，體驗在地文化！
不僅可以吃到傳統越南美食，
更有殖民歷史與當地食物結合的新口味。

烤米紙 Bánh tráng（nướng）
平價越南披薩

走在胡志明的街頭，一定常常看得到路邊小販攤前擺得五顏六色的配料跟一個小火爐不知在賣什麼，這是烤米紙Bánh tráng（nướng）把由米打成漿、曬乾製成米餅後，在米餅上再撒上些配料，例如小蝦米、洋蔥、肉鬆、起士再加上顆鳥蛋。剛烤完的米餅吃起來香香脆脆的，還有人比喻這種小吃是越南披薩。一個也就大約2萬～2.5萬越南盾（台幣25～30元）平民價，如果到胡志明來的話一定要試一試這傳統的道地小吃。

拌米紙 Bánh tráng trộn
西貢年輕人喜愛的小吃

這種街頭小吃主要食材還是越南米製的薄餅，撕成碎片後加入青芒果絲、熟鵪鶉蛋、辣椒和小蝦米、肉鬆與不可缺少的魚露、檸檬汁等拌在一起吃。走在胡志明街頭可以看見當地年輕人坐在低矮的椅凳上圍著攤販現吃或帶走，可見多麼深受當地年輕人喜愛。有些攤車也會賣一些配料簡單的米紙包，形狀各不相同，有的一捲一捲，有的方型一片一片，口味還很多樣。

芒果青搖搖杯 Xoài Lắc

酸酸辣辣，挑戰你的味蕾

說到一定要嘗試過，才算到過胡志明的路邊小吃，那就是青芒果搖搖杯（Xoài Lắc，Xoài 芒果，Lắc 搖）。生芒果未熟切成片撒上些許的辣椒乾和鹽，然後在瓶中搖一搖，有的路邊小販則是在盤中翻動讓配料均勻。這種又酸又辣又微鹹的吃法，請小心品嘗服用，對有些人來說可是一大挑戰呢！而有的攤販除了上述配料外，還會淋上些許魚露及糖，增加芒果青味蕾的豐富感。

烤豬肉米線 Bún Chả

歐巴馬也嘗過的越南米食

越南因為盛產稻米，所以米製品特別多，除了上述的米紙（Bánh），米線（Bún）也是另一種米製品，烤豬肉米線Bún Chả也是越南常見的街頭小吃，特別是在2016年的時後，前美國總歐巴馬和旅遊美食家安東尼・波登（Anthony Bourdain）到河內碰面，坐在小板凳上吃著米線，喝著啤酒，這樣的場景登上國際報紙後，烤豬肉米線就成了有名的街頭小吃。米線配上由炭火烹烤出來肉片，自然香味撲鼻，瘦肉中帶點肥肉，讓米線有些許的油香味，再配上生菜、淋上魚露，人間美味便是如此。

烤肉米線 Bún thịt nướng
不同口感的烤肉米線

另一道也是不可錯過的米線美食是 Bún thịt nướng，一樣翻譯為烤肉米線，和 Bún Chả 不同的是，Bún Chả 的肉是用碎肉加上些香料再製成的肉片，Bún thịt nướng 則是米線加上一整塊完整經炭火烤過的肉片，

加上花生、蔥花，再淋上越南的魚露醬汁，吃起來香滑順口！

推薦店家

18A/52 Nguyễn Thị Minh Khai

位在第 1 郡的 Bun Thit Nuong Chi Tuyen 是間人氣名店，不僅有相當多本地人在內用餐，連日本人、韓國人也都慕名而來。這間店的魚露醬是要自己動手淋，每個人可依照自己對魚露的接受度而斟酌使用，在地平民的價格就可以飽餐一頓，一碗約 3.7 萬越南盾（約台幣 50 元）。

🏛 18a, 52 Nguyễn Thị Minh Khai, Đa Kao, Quận 1, Hồ Chí Min
📞 090-804-14-06
🕐 09：00 ～ 22：00

越南番茄螃蟹米線 Bún Riêu
營養價值超高的傳統美食

番茄螃蟹米線也是一道傳統的越南菜，以番茄為湯底，加入螃蟹，湯頭有著酸中帶鮮的好滋味，配上些生菜如香蕉花及紫蘇又能去掉海鮮的腥味，

通常湯頭中還有肉丸、蟹膏、豬血、豆腐等。越南人特別愛，因為不只美味而且營養還超高。

推薦店家

Bún Riêu Ganh

一般傳統越南小吃店都有這道小吃，但特別推薦這間店位於濱城市場旁歷史悠久的螃蟹米線。這間店創立於 1978 年，歷經 40 年，雖然有了店面但還是保留著當時社會直接在地上架起火爐挑著擔子的做法，似乎也成為了店內的一種特色與招牌。

🏛 4 Phan Bội Châu, Phường Bến Thành, Quận 1, Hồ Chí Minh
🕐 07：30 ～ 19：00

煎米糕 Bột Chiên
香脆鹹甜，滋味豐富的煎糕

這道看起來像是台灣蘿蔔糕的越南街頭小吃
是源自於「潮州」的煎糕，由米製成米糕，在
煎盤上滋滋作響時，淋上蛋汁、灑上些蔥花，
最後再淋上些醬油、辣醬與魚露，吃起來香脆
香脆的米糕還帶點鹹甜微辣，滋味好豐富，真
的讓人一口接著一口停不下來。

鴨肉筍乾冬粉、鴨粥
Miến măng Vịt、Chao Vịt
不可錯過的鴨肉料理

一說到越南小吃，第一個一定是想
到河粉（Phở），但是越南的鴨肉冬粉
也是很普遍的街頭小吃，清爽不油膩
的湯頭，再配上越南人才會調配以魚
露為主的醬汁，吃起來也是順口。所
以下次走在越南的街頭不只要注意phở-
（河粉）這個字，要是有看到鴨肉冬粉
（Miến măng Vịt）也可以進去試試。

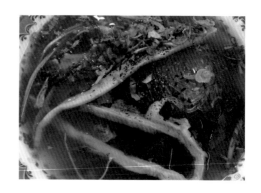

越式法國麵包 Banh Mi
每一家都有獨門祕方的必嘗小吃

胡志明這個法國殖民之地，特別又是法國當時設立總督府的所在地，所以受法國影響更是深遠，除了咖啡文化外，越南人也將法國麵包結合著美奶滋、越式醃菜、醃燻肉片及自製醬料等，成為越南特有的越式小吃。當然每一家的獨門祕方都不同，所以每一家吃起來的口味當然不同，越式法國麵包也是必定要嘗試的街頭小吃！

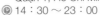
越南春捲 Gỏi Cuốn
口味道地的國民美食

說到越南春捲這道國民美食，不論從街頭小吃或是到餐廳都看得到它的身影，由米製成的透明春捲皮，裡頭包著生菜、豬肉、蝦仁、米線等餡料，可以直接就這樣沾著魚露吃，或是放置油鍋炸成金黃色後（炸春捲Chả Giò Cuốn），再沾些辣椒醬吃起來更是夠味，越南春捲也是來胡志明必吃的一道菜喔！

越南煎餅 Bánh Xèo
柬埔寨人留下的足跡

　　小吃是文化的載體，這句話一點也沒錯。越南煎餅若要追朔起源其實是柬埔寨的食物，越南除了被法國殖民統治之外，在更早之前，南越湄公河下游三角洲之處更是屬於柬埔寨的統治之地。至於為什麼餅皮是黃的？是因為除了蛋之外還加入了薑黃。此外，南部的餅皮還會加入些椰奶，使餅皮來得更薄更香。至於內餡和越南春捲差不多，也是豬肉、蝦、豆芽菜及其他生菜，越南人愛吃生菜的程度可說是超乎你的想像。

越南滴漏咖啡 Cà phê sữa đá
來一杯道地的越式咖啡

　　法國人愛喝咖啡，最著名的為塞納河岸兩旁露天的咖啡館，越南人也承襲了這浪漫的風情，所以越南的街頭咖啡景像也是到處可見。說到越南咖啡，那就得嚐嚐當地特有的豆子，以及因早期物資缺乏下，以煉奶取代牛奶而成為越南當地具有代表性的咖啡——滴漏咖啡。

越南河粉 Phở
世界聞名的小吃

越南河粉已是世界知名、家喻互曉的美食，它的湯頭是由肉類與香料熬煮而成，但吃起來卻是清爽不油膩，在街上常可看到Phở Bo（牛肉河粉）或是Phở Gà（雞肉河粉），越南人也幾乎從早上開始就可以來一碗河粉作為早餐，早已成為生活中的一部分。

烤肉飯 Cơm Tấm
從貧民料理到平民美食

Cơm Tấm烤肉飯也是一道常見的街頭美食，Cơm的越南話是「米」的意思，不過Cơm Tấm使用的米卻是碎米，為何呢？其實這道小吃的起源是因為對於生活條件較不好的人，買不起完整的米粒，所以就用價格較便宜的碎米取而代之。細碎的米飯配上剛烤好的肉片，淋上甜甜的魚露醬及搭上一些小配菜，一樣美味！

越南甜湯 Chè

配料多樣的甜食

走在胡志明的街上常可以發現路邊寫著「Chè」字樣的小販,到底什麼是Chè呢?其實就是甜湯。各式各樣的配料,不論是加不加椰奶,或者是加海帶吃起來鹹甜鹹甜的,一律統稱為Chè。不過Chè這個字在越南不只是甜湯的意思。在越南北部還有「茶」的意思,我問過越南人,這個字同時有兩個意思,你們怎麼區分呢?原來是用前面的動詞來區分,Uống是喝的意思,若是Uống chè就是喝茶,Ăn chè就是吃甜湯的意思囉!

越南美食的 4 件小事

1. 越南料理中生菜是很重要的一部分,隨便走進一間越南菜的餐廳或是路邊小攤,店家送上一堆生菜,這些都是免費的可以盡量吃,若是吃不夠還可以跟店家再要。越南人的吃飯習慣就是要搭配生菜,習慣吃沒有煮燙過的菜菜。不過越南人是怎麼吃這些生菜的呢?如果是湯麵之類就把這些生菜加放到湯麵裡,如果春捲的話,就是把餡料放進去包起來吃,如果是肉片的話,那麼就是生菜包著肉片囉!

2. 在越南餐廳內,使用店家的濕紙巾都是要另外收費的。不過有些外國人開的餐廳或者比較高級的餐廳,濕紙巾是免費的。

3. 在越南,假如你是觀光遊客,有時後你會發現為何買同樣的東西,付的錢都比本地人貴?所以吃飯前一定要把價格問清楚,不然到時候覺得被敲詐了可就影響旅遊的心情了。

4. 很多到越南觀光的遊客,一定會來杯冰飲料,越南人習慣把冰塊凝結成柱狀,比較不會融化,但也基於衛生習慣的不同,有些店家的冰塊是會重覆使用的。

Part 2　15 家特選高 CP 值餐廳

越式口味 X 異國珍饈

品嘗高檔越南料理，
享受異國美食必吃的餐館！
河粉、海鮮、牛排、甜點、羊肉爐，
多樣餐點滿足你的味蕾。

Lunch Lady
西方遊客慕名而來的河粉餐廳

　　已故的名廚美食大師安東尼‧波登曾說過,他想賣的十大神級街頭小吃,其中一項就是越南國民美食——河粉。而他曾到訪過的其中一間餐廳「Lunch Lady」就位在胡志明,也因為這樣所以來的西方遊客特別多。體驗在地人坐在低矮的塑膠桌椅吃著河粉,生意好到若是過了中午才來肯定撲空。檸檬、辣椒片、紅色辣醬、黑色醬油膏、一堆生菜,這是吃河粉必備的配料。湯頭有股說不上來的淡淡香氣而且會回甘,更有香港人特地遠道來學習這湯頭而回香港開店。不過Lunch Lady沒有價目表,也因為在路邊所以對於衛生環境較不講究。

● ● ● ● info

🏠 Hẻm D Chung Cư Nguyễn Đình C, Đa Kao, Quận 1, Hồ Chí Minh
📞 093-388-79-22
🕐 11:00 ～ 15:30

Quán Thuý 94 Cũ
胡志明蟹肉專門料理店

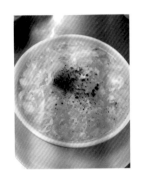

在第一郡 Đinh Tiên Hoàng 街上有間位在轉角的蟹肉專門料理店，叫做「94」，不論是蟹肉湯（Sup Cua）、螃蟹春捲、蟹肉炒冬粉或是炸蟹腳，料理起來都非常的美味。雖然價格高於一般的小吃，不過還是看到不少當地越南人喜愛在此用餐。這間店在日韓人士圈裡更是有名，有不少是在地就業的上班族或是慕名而來的觀光客光顧。

● ● ● info

🏛 84 Đinh Tiên Hoàng, Đa Kao, Quận 1, Hồ Chí Minh
📞 090-908-84-99
🕐 09：00 ～ 22：00

PHO2000
柯林頓也吃過的越南餐廳

　　有這麼一說，PHO2000這間河粉店之所以稱為「PHO2000」，是因為在西元2000年時，前美國總統柯林頓曾到此用餐，至今這張珍貴的照片仍然掛在牆壁上。PHO2000至今已開有2間店面，都位在濱城市場附近，一間是位在濱城市場左邊Coffee Bean樓上，也是總店，另一間則位在濱城市場的左後方，相差不到5分鐘步程。PHO2000的菜單非常簡單明瞭，或許是觀光客太多，所以店家的菜單上都有寫有英文與附上照片，這裡除了牛肉河粉、雞肉河粉，海鮮河粉的湯頭更是棒，店家也都一律會附上一盤生菜與檸檬，這些配料這也是越南河粉的靈魂之一，建議可以來此吃看看，和柯林頓總統品嘗一樣美味的河粉。

● ● ● ● info

🏛 1-3 Phan Chu Trinh, Phường Bến Thành, Quận 1, Hồ Chí Minh（總店）
📞 028-3822-2788
🕐 07：00 ～ 22：00

Lẩu Dê Bàu Sen（君建菜館 羊肉爐）
華人區的獨家羊肉爐

其實在胡志明大街小巷中，只要是繁華熱鬧的地區一定有羊肉爐店。在越南人的觀念裡羊肉是滋補聖品，而在胡志明市最有名氣的羊肉爐店是位在第5郡華人區，營業已超過20年的君建菜館。除了有許多特色菜肴外，這裡的羊肉爐（Lẩu Dê）是用帶皮的羊肉加上獨家配方的中藥材熬煮數小時後才將入味的羊肉端上桌的。搭上山茼篙後香氣逼人。這裡的羊肉雖然久經熬煮，但是肉質卻保持著鮮軟而不堅硬乾澀，這更是令吃過的人讚不絕口的原因。若有機會到胡志明市一定要到此品嘗不同於台灣與越南味道的羊肉爐。

● ● ● info

🏛 132 Lê Hồng Phong, F.3, Q.5, HCM
📞 028-3923-4132
🕙 10：00 ～ 23：00

Hotel La Brasserie Restaurant
豪華海鮮頂級享受

　　來到胡志明，海鮮是必定要品嘗的美食，對於路邊的海鮮若因衛生問題而不敢嘗試，那麼就犒賞自己一下到Hotel La Brasserie Restaurant 來大啖海鮮。雖然晚餐價格每人為120萬越盾（不含稅，約新台幣1600元），但是螃蟹、龍蝦、生蠔、新鮮的生魚片，任你吃到飽，紅白酒也是無限供應，牛排或是奶油起士蝦，也都是會讓人一盤接著一盤點。而且其他菜色與服務上也是有一定的水準，所以每逢假日也會有客滿要等候的情況發生，所以建議若打算前去，可以事先訂位。

● ● ● ● info

🏛 235 Đường Nguyễn Văn Cừ, Phường Nguyễn Cư Trinh, Quận 1, Hồ Chí Minh
☎ 028-3929-5520
🕐 6：00 ～ 10：30；18：00 ～ 22：30（晚餐供應時段）

The Refinery

隱藏在舊工廠裡的早午餐

The Refinery的前身是一間舊的鴉片工廠。入口處是黃色的拱門，若不刻意尋找根本就不會注意餐廳隱身在此，通過拱門之後可以發現原來裡面別有洞天，好幾間餐館聚集，往左手邊看第一間就可以看到The Refinery了，黃色濃濃的法式風情建築便是歷史留下的足跡。網路上號稱是胡志明排名第8名的The Refinery在胡志明的西方人士圈也頗具盛名，無論是假日的早午餐或是下班後偷閒的小酌時刻，店內的西方臉孔總是多過於亞洲人。建議安排個悠閒的時間來Refinery享受早午餐，CP值可是頗高的呦！

● ● ● ● info

🏛 74 Hai Bà Trưng, Bến Nghé, Quận 1, Hồ Chí Minh
📞 028-3823-0509
🕐 11：00 ～ 23：00

Pizza 4p's
現烤人氣披薩

　　Pizza 4p's雖然是由一位日本女性地所創立的，不過在越南卻頗具知名度。現在光是在胡志明就有4間店，在北部河內、峴港也有分店。現點現烤的Pizza

不只用料豐富，口味多變之外，舒適的用餐環境再加上日系的服務精神與實惠的價格，用餐時刻若無事先訂位，可能得排上一段時間才吃得到，可見在越南Pizza 4p's有多火紅。

● ● ● ● info

🏛 8 Thủ Khoa Huân, Phường Bến Thành, Quận 1, Hồ Chí Minh（濱城市場後）

📞 028-3622-0500

🕐 週一到週六：10：00 ～ 02：00
　　週日：10：00 ～ 23：00

Home Finest Restaurant
高級越式料理

Home Finest Restaurant這間高級的越式料理餐廳,從外觀上看起來不是太起眼,但愈往內部走愈是覺得質感愈高,餐廳整體的感覺完全不輸給第一郡觀光區的餐廳。餐廳的內部設計先是打造一面空心牆隔出走道,另一側則是用一個露天的天井與戶外的小荷包池子將廚房跟用餐區隔開,1、2樓透明的落地窗戶讓用餐者能一邊吃飯還能一邊欣賞漂亮的景色。除了環境的用心打造外,雖然賣的是傳統越式料理,但對於菜色的擺盤也都看得出來用心與講究,可說是把越南菜的色、香、味發揮得淋漓盡致。Home Finest Restaurant的服務生每一個的英語能力也都很棒,完全不用擔心有語言上的溝通障礙,菜單上也都有用英文標註著。

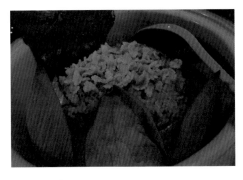

info

🏛 252 Điện Biên Phủ, Phường 7, Quận 3, Hồ Chí Minh
📞 028-3922-2666
🕐 11:00 ~ 14:00;18:00 ~ 22:30

Maison Marou Saigon
頂級專業又有創意的可可飲品店

當可可遇上蛋！很奇特吧！蛋可可，沒錯，你沒看錯！越南「蛋咖啡」的喝法，沒想到也被運用來與可可做結合，更沒想到出乎意料地好喝。真的很香很濃很順口，可可的濃度與香氣跟蛋搭配得剛剛好。

由2位法國人所創立的Maison Marou Saigon是越南有名的精品巧克力店，2016年才在胡志明開了第1家實體店面。店內開放式的廚房讓人可以看到巧克力的製作過程。Maison Marou Saigon內部的裝飾工業時尚，非常漂亮，店內除了咖啡是必有的飲品之外，其它全都是可可製作的商品，甜點、飲品或是不同口味的巧克力伴手禮，喜歡巧克力的人一定能夠開心地選購。

店內招牌熱巧克力不是用粉泡的，而是真材實料濃郁的巧克力。這裡的巧克力甜點好吃度絕對可以是胡志明前3名的！

● ● ● ● info

🏛 167 Calmette, Phường Nguyễn Thái Bin, Hồ Chí Minh
📞 028-3729-2753
🕙 10：00 ～ 23：00

The Dreamers Dessert Bar
法式風情甜點店

　　位在紅教堂附近的這間甜點店，是最近才新開幕的甜點店。既然是專賣甜點，那麼對於甜點一定有過人之處，當甜點上桌的那一刻，就能明顯感受到主廚對甜品的用心。店內裝潢設計明亮華麗，坐在戶外更可以飽覽一片草原綠地，在這個咖啡館林立的城市，偶爾換個甜點店待著也是挺不錯的選擇喔！

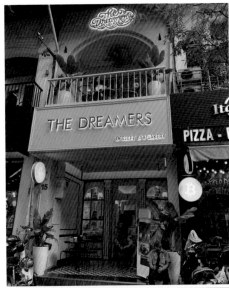

● ● ● info

🏛 15 Hàn Thuyên, Bến Nghé, Quận 1, Hồ Chí Minh
📞 093-928-16-58
🕐 08：00 ～ 22：00

B3 Steakhouse & Craft Beer
一位難求的熱門西餐廳

　　B3 Steakhouse & Craft Beer是胡志明市有名的美式牛排餐廳，生意好到得事先訂位，不然可能一位難求，或許也是因為地理位置的方便，位在阮惠大道上，逛累了就可以順道上來大嗑牛排，而且牛排除了可以選擇3種配菜外，還可選擇3種醬汁來搭配，滿足你的味蕾。這裡的牛排、精釀啤酒及葡萄酒種類眾多，若你不知道點什麼，這裡的服務員也都會非常熱情地幫你介紹，別擔心，他們的英文能力絕對沒問題的。B3不只牛排厲害，連啤酒也分很多種類，也難怪這裡外國人也挺多的，來這裡也不妨試試喝杯啤酒！

● ● ● info

🏛 90 Nguyễn Huệ, Bến Nghé, Quận 1, Hồ Chí Minh
📞 0365-199-846
🕒 15：00 ～ 23：00

Crystal Jade Palace Restaurant（翡翠皇宮）
品味道地港式飲茶

　　要說胡志明市最道地的港式飲茶莫過於位在Lotte Legend1樓的Crystal Jade Palace Restaurant（翡翠皇宮）。與香港海港城連獲好幾年米其林推薦的知名「翡翠拉麵小籠包」同屬一個集團，品質服務自然也是無可挑剔。雖然坐落在5星級的酒店內，但價格卻非常實惠，也因為如此所以常常需要提前1個星期訂位才可享受道地的港式美食。

● ● ● info

🏛 Floor 1, Legend Saigon Hotel, 2A-4A Đường Tôn Đức Thắng, Bến Nghé, Quận 1, Hồ Chí Minh
📞 028-3827-2387
🕐 11：30 ～ 22：00

Jardin des Sens Saigon
米其林三星法國料理餐廳

　　因為曾受法國殖民之故，在飲食文化上影響越南的不只是街頭小吃，胡志明市曾為法國總督府的駐地，所以法式料理餐廳也不少。就連法國米其林3星雙胞胎主廚Jacques與Laurent Pourcel也來此開設餐廳「Jardin des Sens Saigon」，這對孿生兄弟30歲不到就拿下了米其林3星的榮耀，被譽為全球最著名的法式創意主廚之一，兩兄弟Jacques擅長海鮮菜式和甜點，Laurent則以肉類菜式、開胃菜和祕製醬料而聞名。台灣名廚江振誠也曾經在Le Jardin des Sens擔任過行政主廚哦！

　　其實胡志明的法國餐廳還不少，但在一次偶然的滑手機看法國菜時，Jardin des Sens的菜色讓我眼睛發亮，一查才

知道原來是這背景。實際去吃也的確大
部分的餐點以海鮮居多，在處理上還是
保留著海鮮肉質的鮮甜與軟嫩；羊肉的
烹煮肉質香嫩卻不老不柴，撒上些許的
松露，增色不少。當然美食也要有同好
一起分享，在享用的過程中一起討論食
材、做法、用料、器皿、溫度等，別有
一翻樂趣，Jardin des Sens Saigon 真的
值很再訪！

　　獨棟別墅的Jardin des Sens Saigon，
餐點以海鮮居多，在處理上還是保留著
海鮮肉質的鮮甜與軟嫩。商業午餐CP值
頗高，若是對於法式料理講究的人建議
可以到此品嘗米其林大師的廚藝。

● ● ● info

🏛 251 Điện Biên Phủ, Phường 7, Quận 3,
　Hồ Chí Minh
📞 028-3930-3394
🕐 12：00 ～ 14：00；18：00 ～ 22：00

The Deck Saigon

西貢河岸旁的美景餐廳

　　巴黎有塞納河畔，曼谷有湄公河可欣賞夜景，胡志明也有條西貢河，若是找對地點，也是可以很優閒地欣賞河岸風光。位於第2郡西貢河畔的**The Deck Saigon**正是一個如此的好去處。隱身在2郡小巷內的**The Deck Saigon**，外觀低調為一條竹林小路，但一走進餐廳後，卻別有洞天，悠閒浪漫的渡假風格，半露天的設計，尤其是在傍晚黃昏時刻，坐在河岸旁一邊享用美食一邊欣賞日落美景，旅行不就是該這麼愜意嗎！

● ● ● ● info

🏛 38 Nguyễn Ư Dī, Thảo Điền, Quận 2, Hồ Chí Minh
📞 028-3744-6632
🕐 08：00 ～ 23：00

Bến Thành Street Food Market
各國美食齊聚的廣場

在濱城市場後方不到100公尺處有個美食廣場，這裡也是觀光客或是背包客覓食、喝啤酒的天堂。不論是Pizza、

BBQ烤肉、泰式料理、印度料理或是韓國料理，甚至是台灣刈包這裡也都找得到，可以說是異國美食的聚集之地，不論中午或是晚上用餐時間來，氣氛都宛如一場Party一樣！

而蓮花，被視為越南的國花，在越南也有很多好的含義。它象徵著越南少女純樸、高雅之美外，也象徵君子的高潔，更有代表愛情的含意在。因此在越南常看到蓮花的圖騰與造型。由於蓮花在越南極為常見與普遍，所以越南人更是用它來入菜，知名的有越南的傳統菜肴之一——荷葉飯！

● ● ● info

🏛 26-28-30 Thủ Khoa Huân, Phường Bến Thành, Quận 1, Hồ Chí Minh
📞 090-126-28-30
🕐 09：00 ～ 23：00

女生專屬

專業級的按摩與美甲
為女生推薦的特別行程

SPA 按摩與美甲

為女生推薦的特別行程

　　SPA或美甲店在台灣街頭也隨處可見，但難得來1趟越南，當然要體驗1次道地的按摩及美甲文化囉！

SPA按摩

　　到東南亞旅遊，必然會想到按摩這件令人放鬆享受的事，當然來到胡志明市也不例外。若要說按摩SPA店的一級戰區，非第1郡的Lê Thánh Tông（音似：黎潭洞）莫屬。這條街上大大小小的按摩SPA店，很難不讓人心動想進去疏鬆一下筋骨。尤其是迷人的價格，比在台灣便宜。若是要推薦哪一間按摩店最好，其實每個人對於按摩的手法喜好不一，有的人喜歡有力道的按摩方式，有人喜歡日式精油或熱石或者是韓式的汗幕蒸，很難說哪一個一定好，依照自己喜好挑選肯定沒錯。

　　若是有心動想嘗試的SPA按摩店，建議可事先在台灣利用網路預約好時間，但是真心建議還是要慎選一下，因為有些SPA按摩店光從外觀看起來，閃爍的霓虹燈看起來就很有問題。此外要注意價目表上的價格是否已有包括小費，有的按摩店或SPA店除了價目表上的價格外，按摩師會主動額外再跟客人索取小費，所以建議先將小費準備好，找個適當的時機給按摩師，這樣才可以安心地享受按摩後的茶點。

　　雖然胡志明的SPA按摩店不少，但評價不一。以下為大家介紹正統按摩且評價不錯的推薦店家。

MIU MIU
CP值超高的SPA

　　MIU MIU被譽為胡志明最好的SPA按摩店，實在是當之無愧。這間由日本人開業的SPA，品質與服務自然不在話下，就連日本人也都愛來。難怪分店一間接著一間開，僅管目前已經開到第5間MIU MIU5了，但還是無法完全消化慕名而來的旅客，所以建議若是打電話算來趟SPA之旅，最好提早網路預約。

● ● ● info

✉ http://miumiuspa.com
🕐 09：30 ～ 23：30

KIEN CHI GIA Professional Foot Massage（健之家）
專業的足底按摩

　　在胡志明市開業將近10年被譽為CP值超高的健之家，累積了不少好名聲。因環境單純，在市中心不論從濱城市場或是阮惠大道過來都只需約10分鐘的腳程，特別是在走了1天路後來這享受專業級的按摩，包準你精神體力都會恢復到最佳狀況。

● ● ● info

🏛 44 Tôn Thất Thiệp, Bến Nghé, Quận
📞 090-331-67-33
🕐 10：30 ～ 24：00

Golden Lotus Spa & Massage Club
英日韓語皆通的好評店家

在胡志明有好幾間分店的Golden Lotus Traditional Foot Massage Club，為韓國人所開，外觀紅色外牆與中式復古風格的裝潢有別於一般胡志明的SPA，在Golden Lotus不用擔心語言不通的問題，英文、韓文、日文都可溝通，整體服務與環境可是獲得Tripadvisor上的旅客一致的好評喔！

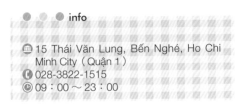

● ● ● info

🏠 15 Thái Văn Lung, Bến Nghé, Ho Chi Minh City（Quận 1）
📞 028-3822-1515
🕘 09：00～23：00

美甲彩繪

另外對於女性朋友來說，到胡志明旅遊，另外一件專屬福利就是可以做美甲。在胡志明美甲店大街小巷都找得到而且CP值超高。彩繪指甲、光療指甲或是水晶指甲通通都有。不管是以專門服務外國觀光客的高檔店，或者是服務當地愛美女性的一般店家，或是在傳統市場裡面或是附近以婆婆媽媽為客群的店，各種族群都找得到美甲店。當然收費價格也會有所差距，有的很便宜，甚至不到新台幣100元，只是基於衛生觀念的不同，怕妳不敢嘗試而已。

若是來到胡志明，想體驗一下美甲服務，濱城市場附近或日本街（ Lê Thánh Tông）這條街上都有，很方便的呦！

Fame Nails
韓國人喜愛的美甲店

　　Fame Nails在第1郡有2間分店，地點都非常方便。老闆娘本身就是美甲師，所以對於店內美甲師的技術與專業有一定的水準要求外，價格更是實惠。Fame Nails在胡志明的韓國圈頗受好評，所以店內不時有韓國顧客，每逢假日時店內的座位更是座無虛席。

info

🏛 18 Phạm Hồng Thái, Bến Thành, Quận 1, Hồ Chí Minh
📞 028-3824-5818
🕐 09：00 ～ 21：00

KAWAII Nail
日系風格美甲店

　　KAWAI（卡哇伊）Nail真的是店如其名，店內裝潢充滿日系的可愛風格。這間美甲店是由日本人所經營的，對於指甲彩繪的風格也偏日系，當然服務品質也是日系水準。原本是開在咖啡公寓9樓，但最近已經搬到范伍老街附近了，所以若有前往KAWAII Nail美甲的話，要注意別跑錯囉！

info

🏛 7/7 Nguyễn Trãi, Phường Phạm Ngũ Lão, Quận 1, Hồ Chí Minh
📞 028-3821-1636
🕐 09：00 ～ 19：00

MERCI, nails, hair & café
咖啡館與美容美甲的結合

　位在日本街（Lê Thánh Tôn）上的
MERCI Nails時尚新穎的裝潢外觀與乾淨
的環境吸引不少喜愛美甲彩繪的外國人
光顧，1樓是咖啡館同時也是美容院，
上到2樓則是一整層的美甲區。店內的
美甲師動作俐落專業，貼心的店家更是
提供一杯飲品及小點心，讓你在美甲的
同時也可以喝一杯冰品解一下胡志明的
暑熱，好好在此休息一下。

● ● ● info

🏛 17／A6 Lê Thánh Tôn, Bến Nghé, Quận
　1, Hồ Chí Minh
📞 028-3825-8799
🕐 09：00 ～ 21：00

越文小教室
中越文對照及類似念法

來到越南旅遊，不會講越語、看不懂越文怎麼辦？下面就來為大家介紹幾種常見食物與日常招呼用語的中越文對照及類似念法，點餐時照著表格大聲唸出來，就可以點到想吃的餐點囉！（部分越文因為發音方式的關係，沒有辦法找到類似念法，但還是可以帶著本書指給店家看喔！）

日常招呼用語

越語	中文意思	類似念法
Xin chào	你好	新早
Chào!	嗨！	早
Cảm ơn	謝謝	感恩
Xin lỗi	對不起、請問	新羅一
Không có gì	不客氣	空摳氣
Tạm biệt	再見	當筆
Bao nhiêu?	多少錢	包 new
Tính tiền	買單。	登頂
Đắt quá.	太貴了	麻瓜
Nhà vệ sinh ở đâu?	洗手間在哪裡	
Xin cho xem thực đơn	給我看菜單	
Cho tôi một ly cà phê.	請給我一杯咖啡	

常見食物種類

越語	中文意思	類似念法
Phở	河粉	粉
THỊT	肉	
BÒ／GÀ／Vịt	牛／雞／鴨	包／嘎／V
Cá／Cua／Tôm	魚／蟹／蝦	軋／虎乞／咚
Hải Sản	海產、海鮮	海山
Thập Cẩm	什錦（蔬菜）	
Chao tôm	甘蔗蝦	蒿咚
Soda Chanh	檸檬蘇打	
Bánh tráng（nướng）	烤米紙	勉強
Bánh tráng trộn	拌米紙	勉強就
Xoài Lắc	芒果青搖搖杯	甩啦
Bún	米線	
Bột Chiên	煎米糕	木籤
Chao／Miến	粥／冬粉	-／民
Măng	筍乾	
Banh Mi	越式法國麵包	
Chả Giò Chiên	炸春捲（Chả 是炸的意思）	海誘因
Bánh Xèo	越南煎餅	
Cơm Tấm	烤肉飯	
Chè	甜湯／茶	茄

咖啡廳常見餐點

越語	中文意思	類似念法
Trả	茶	眨
Trả Đá	冰茶（Đá 是冰的意思）	眨達
Trà Sữa	奶茶（Sữa 是牛奶的意思）	眨蛇
Trà Sữa Trân Châu	珍珠奶茶	眨蛇珍珠
Cà Phê	咖啡	卡啡
Cà Phê Đá	冰咖啡	卡啡達
Cà Phê Nóng	熱咖啡（Nóng 是熱的意思）	卡啡濃
Cà Phê Sữa Đá	冰咖啡牛奶	卡啡蛇達
Cà Phê Sữa Nóng	熱咖啡牛奶	卡啡蛇濃
Cà Phê Trứng	雞蛋咖啡	卡啡穹
Sinh Tố	果汁	星斗
Món Ăn Nhẹ	輕食	馬拉捏
Bánh flan	布丁	
Cà phê sữa đá	越南滴漏咖啡	卡啡蘇打
Sinh tố bơ cafe	酪梨咖啡	星斗包卡啡
Bánh gatô	蛋糕	版咖都
Bánh waffle	鬆餅	版哇佛
Bánh mi kẹp	三明治	

景點分區資訊
胡志明市分區景點一覽

Quận 1
（第一郡）

必訪街廓
阮文平街

必訪街廓
阮惠大道

必訪街廓
同起街

歷史建築
紅教堂

歷史建築
郵政總局

歷史建築
統一宮

歷史建築
市政廳

歷史建築
咖啡公寓

歷史建築
歌劇院

歷史建築
金融塔

文青必訪
西貢廣場

文青必訪
濱城市場

文青必訪
Hello weekend Market

文青必訪
Box Market

文青必訪
The World Of Heineken

文青必訪
The New Play Ground

文青必訪
Apartment 42 Ton That Thiep

風格咖啡館
Trung Nauyen Café Legend
（中原咖啡）

風格咖啡館
HIGILANDS COFFEE
（高原咖啡）

風格咖啡館
Miyama -
Modern Tokyo
Restaurant Café

風格咖啡館
Phuc Long Coffee
& Tea Express
（福隆咖啡）

風格咖啡館
L'USINE
（Lê Lợi 店）

風格咖啡館
L'usine
（Lê Thánh
Tôn 店）

風格咖啡館
The
Workshop
Coffee

風格咖啡館
Loft Café

風格咖啡館
1st. Garden
-Cafe &
Bistro

風格咖啡館
Cộng Cà
Phê

風格咖啡館
Runam Café

風格咖啡館
Ruman
Bistro Đồng
Khởi

風格咖啡館
She Café-Cafe
for women

風格咖啡館
Slow & Chill
Coffee

風格咖啡館
Shelter
Coffee & Tea

風格咖啡館
Cafe Terrace
- Saigon Centre

風格咖啡館
Shin Coffee

風格咖啡館
Thinker&
Dreamer

風格咖啡館
Boo Coffee

風格咖啡館
Sài Gòn Ơi
Café

風格咖啡館
The Vintage
Emporium
Café

風格咖啡館
Saigon
Coffee
Roastery

風格咖啡館
Kamakura

風格咖啡館
Amazing
Coffee

風格咖啡館
Villa Royale
Downtown
Antiques & Tea
Room

風格咖啡館
Partea -
English
Tearoom

街頭小吃
烤肉米線
Bún thịt nướng

街頭小吃
螃蟹米線

街頭小吃
越式法國麵包

特選餐廳
Lunch Lady

特選餐廳
Quán Thuý 94
C

特選餐廳
PHO2000

特選餐廳
Nikko hotel
La Brasserie
Restaurant

特選餐廳
The Refinery

特選餐廳
Pizza 4p's

特選餐廳
Maison Marou
Saigon

特選餐廳
The Dreamers
Dessert Bar

特選餐廳
B3
Steakhouse &
Craft Beer

特選餐廳
Crystal
Jade Palace
Restaurant

特選餐廳
Ben Thanh
Street Food
Market

SPA 按摩
MIU MIU

SPA 按摩
KIEN CHI GIA
Professional Foot
Massage

SPA 按摩
Golden Lotus
Traditional Foot
Massage Club

美甲
Fame Nails

美甲
KAWAII Nail

美甲
MERCI, nails,
hair & café

Quận 2
（第二郡）

風格咖啡館
KOKOiS

風格咖啡館
Bosgaurus
Coffee

特選餐廳
The Deck
Saigon

<table>
<tr>
<td>Quận 3
（第三郡）</td>
<td>
歷史建築
耶穌聖心堂
（粉紅教堂）</td>
<td>
潮玩指標
Hello
weekend
Market</td>
<td>
潮玩指標
Box Market</td>
<td>
風格咖啡館
The Coffee
House
Signature</td>
</tr>
</table>

風格咖啡館
Chanchamayo
Coffee

風格咖啡館
Macritchie
Coffee & Music

風格咖啡館
Oromia
Coffee & Loung

特選餐廳
Home Finest
Restaurant

特選餐廳
Jardin des
Sens Saigon

Quận 5
（第五郡）

必訪街廓
范五老街

歷史建築
穗城會館

歷史建築
豪士坊

購物天地
安東市場

購物天地
安東廣場

特選餐廳
L u Dê Bàu Sen
（君建菜館 羊肉爐）

新平郡

風格咖啡館
ICE COFFEE

好書推薦

倫敦地鐵自在遊全攻略（套書）

蔡志良 著／定價 500元

不用學會開車，也不必怕迷路，跟著《倫敦地鐵自在遊全攻略》套書，搭地鐵，玩倫敦，省錢又自在；還有必敗好物，必逛小店、必吃美食，帶你玩遍最精彩的倫敦。

全世界都是我家：

一家五口的環遊世界之旅

賴啟文、賴玉婷 著／定價 380元

因為旅行相識，組成家庭的兩夫妻，在三個孩子陸續報到後，還是攤開地圖，準備帶著孩子一起旅行，地圖上的每一個國家、每一個城市，看來都是可以駐足的好地方，那就……每個地方都去吧！背起背包、揹起孩子，全家環遊世界去！

闖進別人家的廚房：

市場採買X私房食譜 橫跨歐美6大國家找家鄉味

梁以青 著／定價 395元

食物，滿足的從來不只是胃囊，更是乾涸的心靈。一個單身女子，一趟回歸原點的旅程，卻意外闖進了別人家的廚房，從墨西哥媽媽到法國型男主廚再到義大利奶奶，從美洲一路到歐洲，開啟了一場舌尖上的冒險之旅。

關西單車自助全攻略：

無料達人帶路，到大阪、京都騎單車過生活！

Carmen Tang 著／定價 350元

循著旅遊達人提供的踩踏路線，及詳實的地圖、QRcode資訊，初到日本遊玩的人，也能輕鬆完成屬於自己的單車之旅。用剛剛好的速度，穿梭在大阪、京都的小徑巷弄，深度感受關西的自然人文、特色建築、傳統文化及必嘗美食……

Salute!前進16座義大利經典酒莊：

跟著Peggy邊繪邊玩

陳品君（Peggy Chen）著／定價 330元

你知道……義大利的葡萄種類多達400多種？雨天和大太陽下種植的葡萄，釀酒口感竟然大不同？採收要選良辰吉時？連修剪葡萄藤也是一門學問？！本書以獨具風格的手繪插圖搭配生動的文字，引領你進入威士忌和葡萄酒的迷人國度。

巴黎甜點師Ying的私房尋味：

甜點咖啡、潮流美食推薦給巴黎初心者的16條最佳散步路線

Ying C. 著／定價 380元

讓出身廚藝名校Ferrandi的專業甜點師Ying，為你呈上一匙私藏的巴黎滋味，一起探索真正的花都食尚，發現這座城市對味與美的不懈追求。除了欣賞歷史名勝、體驗美好氛圍之外，各式精緻甜點與潮流美食更是不可錯過！

好書推薦

搖滾吧！環遊世界
Hance、Mengo 著
定價 320元

環遊世界對你而言，是否就像天方夜譚？平凡的七年級生Hance&Mengo，用實際的行動，大聲告訴你：夢想並不遙遠，你缺少的只是大步向前的決心！

真正活一次，我的冒險沒有盡頭！從北越橫跨柬埔寨，一場6000公里的摩托車壯遊
黃禹森 著／定價 380元

用60天、35,000元、超過6,000公里路途騎著一台摩托車，踏遍東南亞。以青春和熱情探索世界，重塑內心對世界及生命的認知；要在這有限的生命中，突破自我設限，找出自己的生活之道，對他而言，這樣的人生，才叫活著！

別怕！B咖也能闖進倫敦名牌圈：
留學X打工X生活，那些倫敦人教我的事
湯姆（Thomas Chu） 著
定價 360元

一樣是海外打工度假，他卻在APPLE、Burberry、AllSaints……等品牌工作！打工度假不是只能在果園、農場、餐廳……你可以擁有更好的！面試實戰經驗，精彩倫敦體驗，橫跨留學、工作、生活，倫敦教給他的三年，跟別人都不一樣。的三年，跟別人都不一樣。

我去安地斯山一下：
謝忻的南美洲之旅
謝忻 著／定價 390元

拎起背包，跟著「外景小公主」謝忻來去安地斯山一下吧！本書中有螢光幕前散播歡笑；那個你熟悉的謝忻，更有私底下喜歡獨處冒險與自我對話那個你不熟悉的謝忻，且讓我們跟著動人的文字與生動的圖片，從謝忻的視角看世界。

京町家住一晚：
千元入住京都老屋民宿
陳淑玲、游琁如 著
定價 320元

你知道嗎？只要1000元台幣就能入住京都百年民宿！漫遊於京町家周邊品味在地人愛的茶屋、咖啡館、美食，遊逛寺廟、老商店街，找尋藝妓優雅身影……為自己安排一場緩慢、深刻的民宿之旅

姊妹揪團瘋首爾：
美妝保養X時尚購物X浪漫追星X道地美食，一起去首爾當韓妞
顏安娜 著／定價 360元

百萬人氣部落格主安娜帶路，讓妳一手掌握韓妞最愛的魅力景點！專為女孩企劃的首爾之旅——從行前準備，到美妝、美食……打造專屬於姊妹的首爾！

NATURE

PEACE, LOVE & SOAP

DR. BRONNER'S
ALL-ONE!®
布朗博士

- 誠實 · 有機 · 愛地球 -

布朗博士,是目前美國天然有機市場上最暢銷的品牌!
我們只使用最純淨、有機、公平貿易得來的原料,
不含任何人工合成防腐劑、香精、介面活性劑!
並致力地幫助您遠離化學的侵害! We are ALL-ONE!

www.drbronners.com.tw

總代理 奇異恩典興業有限公司 (02)2999-4642

 布朗博士 Dr. Bronner's -Taiwan

胡志明小旅行：

風格咖啡X在地小吃X創意市集X打卡熱點，帶你玩出胡志明的文青味

作　　者	蔡君婷	總 代 理	三友圖書有限公司
編　　輯	黃匡匀、徐詩淵	地　　址	106台北市安和路2段213號4樓
校　　對	黃匡匀、徐詩淵	電　　話	(02) 2377-4155
	鍾宜芳、蔡君婷	傳　　真	(02) 2377-4355
美術設計	何仙玲	E－mail	service@sanyau.com.tw
		郵政劃撥	05844889 三友圖書有限公司
發 行 人	程灝顯		
總 編 輯	呂增娣	總 經 銷	大和書報圖書股份有限公司
主　　編	徐詩淵	地　　址	新北市新莊區五工五路2號
編　　輯	林憶欣、黃匡匀	電　　話	(02) 8990-2588
	鍾宜芳	傳　　真	(02) 2299-7900
美術主編	劉錦堂		
美術編輯	吳靖玟	製版印刷	卡樂彩色製版印刷有限公司
行銷總監	呂增慧		
資深行銷	謝儀方、吳孟蓉	初　　版	2019年04月
		定　　價	新台幣350元
發 行 部	侯莉莉	Ｉ Ｓ Ｂ Ｎ	978-957-8587-66-3（平裝）
財 務 部	許麗娟、陳美齡		
印　務	許丁財		
出 版 者	四塊玉文創有限公司		

國家圖書館出版品預行編目 (CIP) 資料

胡志明小旅行：風格咖啡 X 在地小吃 X 創意市集
X打卡熱點,帶你玩出胡志明的文青味/ 蔡君婷作.
-- 初版 .-- 臺北市：四塊玉文創, 2019.04
　　面；　公分
ISBN 978-957-8587-66-3(平裝)
1. 旅遊 2. 越南
738.39　　　　　　　　　　　　108004189

地址： 　　　　縣/市　　　　鄉/鎮/市/區　　　　路/街

　　　　　　段　　　巷　　　弄　　　號　　　樓

三友圖書有限公司　收
SANYAU PUBLISHING CO., LTD.

106　台北市安和路2段213號4樓

三友圖書
讀書俱樂部

「填妥本回函，寄回本社」，
即可免費獲得好好刊。

\ 粉絲招募歡迎加入 /

臉書／痞客邦搜尋
「四塊玉文創／橘子文化／食為天文創
三友圖書——微胖男女編輯社」
加入將優先得到出版社提供的相關
優惠、新書活動等好康訊息。

四塊玉文創✕橘子文化✕食為天文創✕旗林文化
http://www.ju-zi.com.tw
https://www.facebook.com/comehomelife

親愛的讀者：

感謝您購買《胡志明小旅行：風格咖啡 X 在地小吃 X 創意市集 X 打卡熱點，帶你玩出胡志明的文青味》一書，為感謝您對本書的支持與愛護，只要填妥本回函，並寄回本社，即可成為三友圖書會員，將定期提供新書資訊及各種優惠給您。

姓名 _____ 出生年月日 _____

電話 _____ E-mail _____

通訊地址 _____

臉書帳號 _____

部落格名稱 _____

1 年齡
□ 18 歲以下　　□ 19 歲～ 25 歲　　□ 26 歲～ 35 歲　　□ 36 歲～ 45 歲　　□ 46 歲～ 55 歲
□ 56 歲～ 65 歲　　□ 66 歲～ 75 歲　　□ 76 歲～ 85 歲　　□ 86 歲以上

2 職業
□軍公教　□工　□商　□自由業　□服務業　□農林漁牧業　□家管　□學生
□其他 _____

3 您從何處購得本書？
□博客來　□金石堂網書　□讀冊　□誠品網書　□其他 _____
□實體書店 _____

4 您從何處得知本書？
□博客來　□金石堂網書　□讀冊　□誠品網書　□其他 _____
□實體書店 _____　□ FB（四塊玉文創／橘子文化／食為天文創 三友圖書——微胖男女編輯社）
□好好刊（雙月刊）　□朋友推薦　□廣播媒體

5 您購買本書的因素有哪些？（可複選）
□作者　□內容　□圖片　□版面編排　□其他 _____

6 您覺得本書的封面設計如何？
□非常滿意　□滿意　□普通　□很差　□其他 _____

7 非常感謝您購買此書，您還對哪些主題有興趣？（可複選）
□中西食譜　□點心烘焙　□飲品類　□旅遊　□養生保健　□瘦身美妝　□手作　□寵物
□商業理財　□心靈療癒　□小說　□其他 _____

8 您每個月的購書預算為多少金額？
□ 1,000 元以下　　□ 1,001 ～ 2,000 元　　□ 2,001 ～ 3,000 元　□ 3,001 ～ 4,000 元
□ 4,001 ～ 5,000 元　　□ 5,001 元以上

9 若出版的書籍搭配贈品活動，您比較喜歡哪一類型的贈品？（可選 2 種）
□食品調味類　　□鍋具類　　□家電用品類　　□書籍類　　□生活用品類　　□ DIY 手作類
□交通票券類　　□展演活動票券類　　□其他 _____

10 您認為本書尚需改進之處？以及對我們的意見？

_____

感謝您的填寫，
您寶貴的建議是我們進步的動力！